O EFEITO MELÃO

Potencialize a Flexibilidade
Cognitiva pela Arte e Gamificação

FERNANDA DUTRA

www.dvseditora.com.br
São Paulo, 2018

O EFEITO MELÃO

Copyright© DVS Editora 2018
Todos os direitos para a território brasileiro reservados pela editora.

Nenhuma parte deste livro poderá ser reproduzida, armazenada em sistema de recuperação, ou transmitida por qualquer meio, seja na forma eletrônica, mecânica, fotocopiada, gravada ou qualquer outra, sem a autorização por escrito do autor.

Capa: Andrea Cáceres e Criss Cunha
Diagramação: Spazio Publicidade e Propaganda

```
         Dados Internacionais de Catalogação na Publicação (CIP)
                (Câmara Brasileira do Livro, SP, Brasil)

    Dutra, Fernanda
       O efeito melão : potencialize a flexibilidade
    cognitiva pela arte e gamificação / Fernanda
    Dutra.  -- São Paulo : DVS Editora, 2018.

       ISBN 978-85-8289-197-1

       1. Arte e religião 2. Autodesenvolvimento
    3. Espiritualidade 4. Mandala 5. Meditação
    6. Reflexão 7. Vida espiritual I. Título.

 18-22020                                         CDD-158.1
                    Índices para catálogo sistemático:

       1. Inteligência : Autoconhecimento : Coaching :
          Desenvolvimento pessoal : Psicologia positiva
             158.1

      Iolanda Rodrigues Biode - Bibliotecária - CRB-8/10014
```

"O artista que se assemelha bastante à criança durante toda a sua vida é frequentemente mais apto que ninguém para perceber a ressonância interior das coisas."
Wassily Kandinsky.

Dedico este livro:

A minha família, que é a minha base. Em especial aos meus filhos Isabela e Nicolas que são a base para o meu viver e onde aprendo a cada dia a ser uma pessoa melhor. Minha mãe, meu pai e minhas tias que sempre lutaram pela minha educação e ao meu marido, que sempre me apoiou nas minhas pesquisas.

Agradecimentos

Aos meus filhos Isabela Dutra Rente e Nicolas Dutra Rente que compreenderam as ausências temporárias.

Ao meu marido Marcio Leal Rente que sempre esteve ao meu lado incentivando as minhas pesquisas.

A minha mãe Terezinha de J.O.Antonetti, meu pai E. Mário Dutra e minhas tias Miltes A. Antonetti, Doroty R. Antonetti e Miriam A. Antonetti que sempre acreditaram no meu potencial.

A todos que participaram do livro, com apoios, revisões, artes e conversas que fizeram com que fosse possível este projeto acontecer. Esse projeto tem uma equipe maravilhosa em toda a construção, desde arte da capa, criação de identidade, diagramação, revisão de textos, qualidade de impressão e olhares críticos.

Para Gisele Camargo, Fabiana Ramos, Thais Alves, Patrícia Maya, Anderson Delfino, Cláudio Zanutim, Vivian Amarante, Alessandro Saade, Pat Carvalho, Ana Maria Mendez Gonzalez, Cynthia Alário e Letícia Motta pelas entrevistas concedidas.

A orientadora Débora Diogo que me apoiou nas pesquisas preliminares do projeto.

Para Alfredo Lalia, Sônia Rica, Rodrigo Abreu, Fernando Cardoso e Danielle Maciel Brandão pelas críticas de capa.

A Fabiana Casarini que me apresentou aos editores e aos próprios editores Sergio Mirshawka e Alexandre Mirshawka que acreditaram no meu trabalho.

Ao James McSill pelo seu olhar crítico.

Ao Professor Mario Sergio Cortella pelo lindo prefácio.

A Deus e a vida por ter encontrado o meu estado de *flow*.

Sumário

Agradecimentos. 7
Prefácio. 11
Introdução 13
   1. Amor platônico pelo seu trabalho ou aristotélico?. 17
   2. Perfil comportamental por meio da arte 23
   3. O *gamification* e a arte 35
   4. Arte em treinamentos. 41
   5. Arte nas palestras 47
   6. Arte em trabalhos de consultoria 51
   7. O uso da arte no *coaching*. .55
   8. Gratidão 67
   9. A arte e a intuição 69
   10. A força da intuição 75
   11. A essência da intuição. 79
   12. O caminho da intuição 83
   13. A intuição é mística? 87
   14. A criança é intuitiva por natureza. 89

15. A intuição, a ciência e os tipos de intuição 91
16. Arte e meditação ativa 95
17. A arte das mandalas 103
18. Simbologia dos números das mandalas 107
19. Simbologia da geometria das mandalas 119
20. Simbologia das cores das mandalas 123
21. A arte e a espiritualidade 133
22. Espiritualidade e a inteligência emocional 137
23. A espiritualidade como uma conexão profunda 141
24. Uma arte para chamar de sua 147
25. As artes plásticas 151
26. A dança 153
27. O teatro, o *patchwork* e arte têxtil 159
28. A música 163
29. A escultura com a mescla de várias artes 167
30. Literatura, cinema e fotografia 169
31. Consciência e percepção através da arte 173
32. Distinguir o certo do errado 175

Prefácio

Artimanhas benéficas...

> *"(...) o homem pode se ajuntar com as coisas, se encostar nelas, crescer, mudar de forma e de jeito... O homem tem partes mágicas... São as mãos...".*
> (Guimarães Rosa, Sagarana: Conversa de Bois)

No nosso idioma usamos bastante a expressão artimanha, quase sempre no sentido maléfico de armadilha, ardil, trapaça; muitas vezes o é, mas não podemos perder um outro sentido, bastante benéfico, dessa mesma expressão: artimanha como estratagema, isto é, como planejamento que conduza à eficácia e ao atingimento mais pleno dos objetivos procurados.

O mais curioso é que, na origem, é possível que esse vocábulo nos venha da junção de dois termos latinos arte magna, ou seja, arte grande!

O que quer Fernanda Dutra neste livro? Favorecer em nós as capacidades e habilidades para fertilizarmos nossos planejamentos e metodologias empresariais, por intermédio, especialmente, da Flexibilidade Cognitiva.

Ora, outras pessoas também indicam essa perícia, a flexibilidade cognitiva, como sendo rota exitosa para várias dimensões de nossa existência; contudo, Fernanda dá um passo mais denso na direção de fonte expressiva para tal trilha: a Arte!

Arte grande! Sem restrição, abarcando os campos da estética que desenvolvem os múltiplos modos da nossa sensibilidade e do nosso refinamento mental, como se deve fazer com a artimanha benéfica.

E isso com o título, O Efeito Melão? Não quero tirar a graça de ler a explicação dela mesma na Introdução, por ser uma das boas artimanhas...

Por isso, em vários momentos Fernanda mostra neste livro como fazermos com as nossas próprias mãos, isto é, manufaturarmos, nossas perícias no campo cognitivo e, mais ainda, no valor que atribui ao autoconhecimento.

Seara difícil! Sugerir o caminho também do autoconhecimento, tendo de, além de explicá-lo, exemplificá-lo! E ela o faz, a partir da sua própria história, com narrativas pessoais em profusão, sem que isso perca extensão para outras histórias, de outras pessoas. Fernanda vai tecendo memórias, relatos e lembranças emprestadas; vai manufaturando e fazendo arte.

Com a Arte, e pela Arte, sugere que podemos e devemos mudar de forma, transformar, reformar, informar, dar plasticidade às nossas ações e reflexões; dedica, inclusive, uma escrita mais longa sobre o lugar das mandalas para a meditação ativa e explora bem esse possível campo simbólico que impulsione práticas.

Crê ela, bastante, no vigor da dança como fonte de vitalidade criativa e do mesmo autoconhecimento, sem descuidar de outras formas de Arte, desde que afiem sensibilidades, emoções e despertem intuições.

Como artista (às vezes arteira, no modo afetivo que usamos para gente ativa), fazedora de arte, a sua oficina é a própria vivência, interior e relacional, ela com ela, ela com outros e outras, ela com o mundo interior e exterior.

Fernanda Dutra exala neste livro muitas das suas crenças, valores e realizações; partilha o inventário conosco, e, com alegria, aproveitamos...

Mario Sergio Cortella

Introdução

O Efeito Melão é um livro elaborado com o intuito de ampliar conceitos de ferramentas de desenvolvimento humano com o uso da arte, ou seja, em meios que podemos aplicar às artes, por exemplo, em processos de coaching, treinamentos, gamificação, entre outros.

O nome efeito melão surgiu em um treinamento no qual contei para uma turma de executivos uma história sobre Neuroplasticidade e Dissonância Cognitiva. Havia um tom descontraído que me permitiu desenvolver a história, o que deixou a minha aula bem mais gostosa de ser assistida.

Aprendemos, através das redes neurais, que existem objetos redondos, a cor vermelha, frutas e um sabor adocicado. Aprendemos que a maçã, por exemplo, é uma conexão que faço destas redes neurais, que me permitem entender que algo que é redondo, vermelho, com sabor adocicado e aspecto de fruta, é uma maçã. Na primeira vez que dei para minha filha uma maçã verde, lembro-me que sua reação foi bem engraçada, e até hoje rimos em família.

– Isso é uma pera mais redonda, mamãe?
– Não, filha. É uma maçã, só que verde.

O olhar da Isabela foi questionador, sua testa franziu e seus ombros subiram. Como uma maçã poderia ser verde?!

Na verdade, ela entrou em dissonância cognitiva. Ou seja: aprendeu que as maçãs eram vermelhas e, naquele momento, sem mais nem menos, repassei a ela uma informação conflitante. Em sua cabeça, era estranho, mas, por outro lado, como estava se acostumando com a ideia, se tornou comum, por vezes, ela dizer coisas que demonstravam esta transição.

– Mamãe, tem mais daquela pera maçã?

A maneira que ela assimilou ainda a confundia. Isso se repetiu diversas vezes!

– Mamãe, tem alguma maçã em casa? Se tiver a maçã verde, será ainda melhor!

Que maravilha! A pequena Isabela passou a entender que havia duas opções e isso é um processo de ampliação da mente. Podemos perceber que muitas angústias acontecem devido a esta transição, pelas dissonâncias que temos no dia a dia, e é preciso conflitar as verdades absolutas para a expansão.

O interessante é que, depois de um tempo, comprei um melão do tipo orange, que por dentro é da cor de um mamão. Cortei o melão e coloquei na mesa sem pensar em qualquer possibilidade de gerar alguma confusão.

– Mamãe, você comprou mamão?

– Não, filha. Isso é um melão que tem a cor de um mamão.

Naquele exato momento, pensei que ela passaria por todo o processo da maçã mais uma vez.

– Ah! É como a maçã, que tem mais de um tipo, né, mamãe?

Incrível! A partir daquele momento, com uma experiência e um conhecimento anterior, ela passou a fazer conexões mais rápidas e gerou flexibilidade cognitiva, o que, tecnicamente, seria a Neuroplasticidade, uma maior capacidade de ampliação da mente. Por meio da Neuroplasticidade, somos mais capazes de gerar conexões, experimentamos mais conhecimentos, mais dissonâncias e mais curiosidade pelo mundo.

Contei esta história e, no decorrer do dia, em exercício, um participante teve um insight sensacional e logo o presidente daquela empresa, que também estava com o pensamento ágil e no clima de brincadeira, soltou em meio ao grupo algo que, para todos, foi inesperado:

– Foi o efeito melão! Ou seja, a capacidade de tornar nossos pensamentos mais flexíveis e ágeis!

Todos riram da sacada do nome.

– Posso usar este título em meu livro?

– Claro que sim!

Tomei a liberdade, com o consentimento desse participante, de usar este nome que, de maneira simples, resume o intuito deste livro, que é a flexibilidade cognitiva por meio da arte. A aplicabilidade de planejamentos e metodologias empresariais podem e devem ser usadas também para a vida pessoal, ainda mais quando potencializadas com a arte. Inclusive planejei e tive meu segundo filho, o Nicolas, usando essas metodologias e, no decorrer do livro, contarei um pouco dessa história.

Prepare-se! Este livro será um grande inspirador na sua vida, e como as ressonâncias devem ocorrer a qualquer momento, deixarei meus contatos para que haja troca e esse seja um caminho, não um fim.

Fale comigo:
www.flyflow.com.br
www.corepoesia.com.br
fernanda.dutra@flyflow.com.br

Nas redes sociais:
Facebook: Fernanda Dutra
Linkedin: Fernanda Dutra
Instagram: fernandadutrarente

Capítulo 1

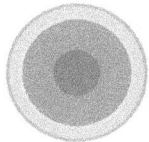

Amor platônico pelo seu trabalho ou aristotélico?

Há mais ou menos vinte anos, em uma visita ao MASP, Museu de Arte de São Paulo, com minha mãe, ocorreu algo bem diferente: quando já estávamos quase no final da exposição, parei em frente a um quadro do Van Gogh e fiquei por muito tempo ali, contemplando. Como se o tempo tivesse parado, fui pega por emoções bem fortes que fiquei sem saber se eram minhas, pois meus pensamentos se conectaram à alma do artista naquela tarde de sol de um dos meus últimos dias de férias daquele mês, em meio ao inverno rigoroso em São Paulo. As ruas, embora repletas, mostravam-se vazias perante minha cabeça turbulenta. Na Avenida Paulista, o vento não poupava ninguém, e as pessoas, vestidas em roupas formais, como cachecóis e casacos pesados, seguiam em direção ao trabalho como máquinas, sendo que algumas, com roupas mais despojadas, vendiam miçangas. Outras, por sua vez, pareciam andar sem rumo, com ares de estudantes que queriam um tempo de folga. Mas a grande maioria estava imersa em si, com roupas de trabalho e olhares distantes. Nesse cenário, em meio à baixa temperatura (15 ºC), eu pensei tanto nesse quadro que até me esqueci de minha companhia: D. Terezinha, minha mãe.

Minha mãe, uma mulher de meia-idade, não muito alta, geralmente vestia uma roupa casual, o que, de forma alguma, não tirava sua vaidade. Seus cabelos longos e virgens de químicas, brilhavam ao sol e mostravam ao mundo sua vitalidade; seu olhar tinha um sorriso permanente de uma simpatia que exalava em seus lábios finos que, raramente, tinham batom, diferentemente de seus olhos, sempre bem delineados, com um traço preto a ressaltar o castanho claro, o que a deixava ainda mais bonita; seu nariz, pequeno e fino, combinava com a delicadeza de uma pele branca e lisa. Sim, era uma linda mulher pela qual eu tinha grande admiração, e que também, muito sensível e amante das Artes, me influenciou nesse mundo.

– Fernanda, por que você sempre demora tanto? – disse, impaciente, minha mãe. Aliás, se me chamava pelo nome era porque estava brava. Geralmente, me chamava de "Fê".

– Pode sair do saguão, mãe. Lá fora tem cadeiras nas quais você pode descansar; logo a encontro lá.

Neste instante a envolvi em um abraço com carinho e a conduzi até o local de descanso.

Não tiro sua razão em ficar brava; eu realmente demorei muito. O fato é que eu podia sentir a angústia por trás daquelas pinceladas marcantes de um cenário triste, apesar de recalcado, em meio às nuvens e vegetações que pareciam ilusões de pensamento. O tempo que investi naquele quadro foi, sem dúvida, superior ao que gastei ao visitar toda a exposição. Se tinha outras pessoas por ali? Nem percebi. Van Gogh e eu dialogávamos através da expressão de sua obra, que vinha em forma de uma cena bonita e alegre, mas que também emanava tristeza e solidão.

Um casal parecia passear no campo, em meio a uma natureza exuberante, e de mãos dadas flutuavam sobre um horizonte marcado por traços de uma força interior que, em espiral, parecia fazer um caminho para o eterno. A cada cor, vinha um envolvimento divino; a cada traço, um transe, como se eu ficasse estupefata com a beleza de um céu enigmático. Senti um aperto no estômago e soube que havia ali um pedido de socorro de uma vida submetida a sonhos que nunca se realizariam. Sim, aquelas pinceladas denunciavam algo a mais que os olhos podem ver.

Dirigi-me à saída, e encontrei minha mãe, impaciente, já nervosa:

– Não venho mais com você – disse. – Sabe que tenho afazeres em casa. Que garota mais inconsequente você é! Que demora foi essa, meu Deus!

Segui com pensamentos dispersos e distantes. Olhei para minha mãe e percebi, pela primeira vez, o quanto ela havia envelhecido pelas dores da vida. Minha mãe caminhava preocupada em direção ao metrô. O silêncio se fazia ensurdecedor.

– Da próxima vez, não demorarei tanto. Desculpe-me!
– Basta me ajudar com o jantar. Vamos rápido, antes que o metrô fique muito cheio!

Continuamos em silêncio. As ruas ainda estavam cheias de carros e pessoas que andavam com pressa; o metrô, lotado. A cada estação entravam mais e mais pessoas. Incomodadas e submersas em nossos pensamentos, seguimos sem qualquer troca de olhar ou palavra, apenas sob o apito do metrô a cada estação e a multidão de pessoas que entravam e saíam.

Apesar de ter contato com a arte desde os 9 anos de idade, foi a partir dessa ocasião que passei a me interessar por ler sobre os artistas e suas obras de arte. Claro que Van Gogh passou a ser meu predileto!

O fato é que, ao ler sobre aquela obra de arte que tanto me impressionou, pude entender que a imagem, de fato, se contradisse com a emoção do artista, e eu, como se estivesse conectada com aquela emoção, pude sentir a solidão dele, a angústia, um sonho que ele queria viver, e que, provavelmente, nunca viveu; do amor que ele queria ter, das belezas que ele queria ver.

De alguma forma, eu me identifiquei. A verdade é que minha vida não se assemelha a de Van Gogh, mas, de alguma forma, havia em mim os questionamentos no meu dia a dia, como se eu pudesse sentir a tristeza pelas dores da alma de um Universo incerto de amores impossíveis; sensação de ser incompreendida, talvez. O que eu sabia, realmente, era que aflorava em mim uma sensibilidade e eu sentia vontade de chorar.

A minha mãe era a minha grande amiga, sem dúvida, talvez uma das poucas pessoas que eu sentia que me compreendia de verdade. Na época, tinha um namorado que parecia me entender, também, amigos no bairro, na faculdade e na escola de arte. Neste momento, você deve se perguntar: como me identifiquei com a solidão do Van Gogh? De alguma forma, estava cercada de muitas pessoas e, ainda assim, era diferente demais. Vou explicar: eu estava envolvida com a arte de uma forma profunda, pela conexão que fazia com o mais íntimo de meu ser, o que poucos entendiam. Alguns, achavam que era uma espécie de hobby, enquanto outros até entendiam a importância que eu dava para a arte, mas não a profundidade com que me envolvia. Por outro lado, os artistas que conhecia naquela época, que estudavam arte comigo e participavam das exposições, não entendiam por que eu trabalhava como estagiária de Marketing e fazia faculdade de Administração de Empresas. Na verdade, a solidão era nesse sentido.

Quando ficava ansiosa ou nervosa, procurava uma atividade artística e logo me acalmava, me restabelecia. Visitar museus e contemplar obras de arte sempre me alimentavam a alma. Assim, Van Gogh dialogou comigo porque eu me identifiquei com ele.

Nunca abandonei as Artes, apesar de ter estudado Administração de Empresas simultaneamente, e, como não podia bancar outro curso em paralelo, tentei uma bolsa de estudos na Escola Panamericana de Arte, no que, para minha surpresa, obtive êxito. Um tanto estranho e divertido ao mesmo tempo, perceber olhares que me seguiam quando chegava às aulas de economia com livros de História da Arte embaixo do braço, ou às aulas de desenho com um livro de estatística no meio das minhas coisas. Não tinha muitos recursos financeiros, então me virava: dividia meu tempo entre dar aulas na faculdade, como monitora estagiária, e fazer trabalhos autônomos dos dois cursos simultâneos.

Vivia o amor platônico, assim como Van Gogh, ao querer coisas que não tinha. O que não sabia era que ali se iniciava o meu amor aristotélico por uma carreira que envolve a razão e a intuição ao mesclar mundos diferentes.

Em meio a esse amor, nascido naquela decisão que ainda era inconsciente, que me levou a experimentar a arte como meio de desenvolvimento pessoal e a querer propagar isso para outras pessoas encontrarem seu sentido na busca única de cada uma.

Lembro-me que, ainda criança, a arte já me fascinava: minha mãe pintava lindos quadros e isso me envolvia demais, tanto que passava horas e horas a desenhar ou pintar. D. Terezinha trabalhava em uma espécie de galeria, organizava exposições, e eu via aquele mundo como algo muito especial.

Aprendi a pintar com ela, quando eu era ainda criança, e me incentivou a participar de um concurso de pintura no qual ganhei uma medalha de bronze. Na entrega dos prêmios, no Terraço Itália, um famoso restaurante de São Paulo, eu era a única criança e meu orgulho não cabia em mim. Sabia que a arte era meu verdadeiro amor aristotélico, como o Prof. Clóvis de Barros Filho sabiamente fala: aquele que vem da divina gratidão, pelo encontro, por aquilo que já é seu, e não por algo que se deseja, como no amor platônico. A arte está em mim desde sempre e, sem dúvida, minha mãe foi a minha maior amiga e aliada em relação a esse amor incondicional.

Nos momentos que me inspirava por meio da arte, em meu silêncio escrevia poesias que descreviam essa minha visão de mundo. As escrevia como pintava meus quadros: por meio de processos intuitivos e do contato com minhas necessidades interiores.

Quadro da vida!

Há pigmentos em todas as emoções e há vida em toda vibração: emoção que nos resgata a cada eu que há em nós.

Por trás de um sorriso, há energia que se purifica a cada gesto, que nos consagra a viver com modéstia e riqueza.

Riqueza de ver o sol, ou, ainda, ouvir o mundo ativo; acordar em um novo dia e sentir o ar entrando nos pulmões.

Saber que há obstáculos e esses sempre habitam para dar força e vivacidade à escolha da solução.

Solução bendita que aparece como bálsamo, clareia o momento e resplandece cada sentimento.

Que nos faz maduros para a vida que, vivida, é miríada em luz, forte em cor e traço e bela como o brilho dos olhos!

Que, frente a outros olhos, pode se edificar, ou se anular, ou perder-se para o bem comum!

Agora imagine se com a arte você pudesse também entender mais sobre você, seus talentos e vocações e, essencialmente suas preferências comportamentais? Eu descobri isso com a arte, quando liguei os pontos com os estudos de comportamento humano que tenho em paralelo. Vamos entender melhor?

Capítulo 2

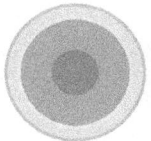

Perfil comportamental por meio da arte

Desde a já citada visita que fiz ao MASP, e que, de alguma forma, me marcou e me fez passar a ler mais sobre a vida dos artistas, os movimentos artísticos e entender mais o que estava por trás das obras de arte, passei também a me debruçar nas biografias, ficar imaginando como viviam e o que os levava a pintar seus quadros. Geralmente, há muitas de suas histórias e emoções por trás das obras, e nem sempre isso é óbvio. Matisse, um pintor de figuras alegres, tinha, em sua história, uma certa melancolia possível de sentir no seu trabalho.

É essa comunicação por trás dos quadros que, inconscientemente, expressamos ao manifestar nossa impressão artística. Lembro-me que, as pessoas ficavam impressionadas ao me ver pintar porque eu parecia em transe; podia me chamar que eu não escutaria. Pintar gera uma concentração tão grande, um contato interno tão intenso que isso se manifesta absolutamente no quadro.

A sensação é que eu entro em um "mundo à parte": muitas vezes, as pessoas falam comigo e não escuto, pois fico tão concentrada que parece que não tem mais nada ao meu redor. Não sei bem como explicar esse fenômeno.

Uma vez, desenhei um menino sorrindo, mas eu estava triste na ocasião. Ainda assim, fiz questão de colocar alegria naquela imagem, por ser o que eu buscava. Nunca vou me esquecer do comentário de um senhor que trabalhava na mesma empresa que eu na época: ao ver o desenho, me perguntou por que eu estava tão triste. Isso é o incrível: dependendo da sensibilidade de quem contempla a obra de arte, a comunicação fica totalmente em evidência. Aliás, eu tenho esse costume: quando estou triste, busco imagens alegres para me lembrar que a vida tem muitas riquezas e momentos felizes. Recentemente, em um momento de tristeza, coloquei em meu perfil de uma rede social, uma foto para a qual posei em um momento muito feliz para mim. Contudo, nessa ocasião, foi impossível encontrar alguém com a sensibilidade para perceber que eu estava triste ao postar a foto.

Como, de uns anos para cá, trabalho com desenvolvimento de pessoas e uso muito jogos como ferramentas para aumento de percepção e consciência – crio jogos e dinâmicas, muitos deles com ajuda da arte – pensei muito nessa comunicação e se poderia usá-la em um jogo. Foi, então, quando eu tive um insight com relação aos movimentos artísticos e as ferramentas de autoconhecimento usadas no mercado. A ideia foi bem simples: pensei que, se eu tive tanta ressonância com aquele quadro, me identifiquei tanto, foi justamente porque tinha sentimentos muito parecidos com os do pintor, enquanto ele pintava. Isso me fez ver os movimentos artísticos com um novo olhar: percebi que alguns deles têm ideais artísticos de emoções que, de certa forma, se eternizam em suas obras, e assim, mesmo com o passar dos anos, as pessoas se identificam com as obras porque, de alguma forma, passam por emoções muito similares.

Amadureci minha ideia e a partir dela, com o apoio de uma parceira, a Ana Penarotti, desenvolvi 12 arquétipos. Ou seja, 12 movimentos artísticos que têm, por base, a filosofia e entendimento daquele movimento em complemento com a metodologia DISC, o que possibilita a percepção de comportamentos predominantes ou preferenciais, além da identificação de emoções. Isso foi inspiração para a criação de um jogo desenvolvido pela equipe do projeto que participei, inclusive na identificação e criação dos arquétipos.

Para que seja mais fácil a compreensão, preciso dar uma breve explicação do que é um DISC para quem não conhece.

O que é o DISC?

William Moulton Marston, psiquiatra, pesquisador e professor da universidade de Harvard, inconformado com o fato de as pessoas com patologias serem estudadas e as ditas "normais" não poderem ter a capacidade de compreenderem a si de forma mais aprofundada, criou uma categorização dos comportamentos humanos em variados graus. Marston tinha uma teoria que a normalidade está nas respostas emocionais que resultam prazer e harmonia. E, portanto, emoções destrutivas como raiva ou medo já eram bem tratadas por psicólogos e afins, mas poucos se atentavam às positivas.

O autoconhecimento proporciona a possibilidade de entendimento de onde se pode colocar mais energia na máxima eficiência da função, ou seja, buscar atividades que estejam de acordo com as preferências comportamentais, onde há mais identificação e, portanto, são feitas com prazer!

Marston se questionava sobre a razão das emoções espetacularmente desarmônicas, dos sentimentos reveladores de um ambiente opressor, e considerar essas respostas afetivas nossas emoções normais?

Como um grande estudioso de Harvard, iniciou suas pesquisas no laboratório de psicologia de Harvard, em 1913. Após isso, continuou seu trabalho no exército dos EUA durante a guerra, depois em processos criminais.

Foi também o criador do primeiro protótipo do detector de mentiras e do personagem Mulher Maravilha, o que ressalta seu interesse no comportamento humano há bastante tempo. Sendo assim, ele percebeu que poderia agrupar pessoas por semelhança de comportamentos, que são definidos como a soma de uma carga genética junto à experiência de vida de cada um. O fato é que temos preferências que nos levam à adoção de determinado arquétipo de comportamento e resultam em uma espécie de talento pessoal.

Não existe um talento bom ou ruim. O que, na verdade, existe, são pessoas com perfis que não se enquadram à atividade que fazem. Por isso, quando nos conhecemos melhor, entendemos que temos mais facilidades e desenvolvimento natural para determinadas atividades em prol de outras. A exemplo disso, para mim, a comunicação, falar em público, é algo muito natural, o que não é para muitas pessoas que me relatam ter muito medo disso ou que, para fazerem isso, precisam de um esforço muito grande. Isso acontece, por exemplo, quando preciso fazer relatórios que me exigem concentração e exatidão, o meu nível de esforço é um tanto quanto absurdo. Isso não quer dizer que não possa entregar relatórios ou que pessoas com dificuldade para falar em público não consigam fazer uma palestra. O que acontece aqui é o quanto a tarefa ocorre naturalmente ou o quanto ela me demanda de esforço e energia.

Quanto mais eu estou alinhada a um propósito, mais autoconhecimento eu tenho, e também maior o percentual do tempo das minhas atividades voltado para aquilo que me é mais natural, para minhas preferências comportamentais.

Cuidar de desenvolver os comportamentos, identificando as características positivas das pessoas e potencializando-as, é uma forma de engajá-las.

Marston identificou e classificou os comportamentos em quatro tipos diferentes: o comportamento Dominante (D), o Influente (I), o Estável (S) e o Conforme (C). Para cada tipo, de acordo com o autor, a visão de mundo é diferente.

As pessoas são uma combinação dos fatores, e por isso, há mais que quatro arquétipos no DISC. Por uma questão didática, como base de um entendimento mais generalista, seguem os quatro fatores do DISC:

Dominância:

São pessoas voltadas às características de muita ação e autoestima. Visionárias, podendo ter uma visão de futuro além da média das pessoas. Tendem a ser ambiciosas, gostam de desafios e seu foco está no resultado. Automotivadas, assumem facilmente o poder; perspicazes, são muito antenadas em relação às oportunidades e possibilidades de negócios ao seu redor.

Quando estão com um comportamento errático, exageram sem muita consciência e se tornam arrogantes, centralizadores, competitivas ao extremo, de modo que tendem a atropelar as outras pessoas.

Influência:

São pessoas de ação, que se interessam em lidar com outras pessoas e trabalham para a cooperação.

São idealistas, buscam harmonia entre as pessoas, empáticas, intuitivas, com muito poder de persuasão; flexíveis e comunicativas, têm grande fluência verbal, o que as faz interagirem com facilidade em relação a todos.

Quando estão com exagero em seu comportamento, tendem a ser inconsequentes, irresponsáveis, mostram rebeldia, impaciência. Por vezes, também, inconveniência, procrastinação e exagero na adaptação.

Estabilidade:

São pessoas mais passivas e também interessadas em pessoas, porém com uma dedicação e atenção maior às necessidades alheias por serem servidoras. Possuem muito senso de estética.

São estáveis, como o nome sugere. Simpáticas, sensíveis, imaginativas e atenciosas, tendem a ser muito pacientes e amam a beleza e a poesia da vida. Geralmente, trazem uma sensação de aconchego ao ambiente.

Quando estão no exagero do comportamento, perdem a agilidade, tendem a esperar demais para agir e fantasiam demais. Tendem também a ficarem estagnadas por medo da exposição e podem viver presas ao passado.

Conformidade:

São pessoas mais passivas e interessadas em processos. Sabem analisar situações de maneira bem imparcial, sem que as emoções as atrapalhem, pois buscam a justiça.

São lógicas, analíticas, inventivas, enveredam sozinhas pelos caminhos da mente; são, também, curiosas, disciplinadas, ponderadas, diplomáticas e perfeccionistas.

Quando estão com comportamentos erráticos, tendem a ser rígidas demais em suas opiniões, críticas em excesso, teimosas e até mesmo fanáticas.

Podemos ter uma mescla de fatores. Contudo, o que não acontece é ter todos os fatores altos ou baixos. Aí, neste caso, teria uma patologia a ser tratada. É como um cobertor curto: temos características que são melhores em prol de outras. Portanto, a complementaridade acontece quando percebemos que cada um tem sua singularidade e que juntos formamos uma equipe.

Gosto muito de trazer a teoria das cores como metáfora, pois, na teoria das cores, temos três cores primárias, que são: a amarela, azul e vermelha, cores puras e sem quaisquer misturas, além da preta e da branca; as secundárias, que são mistura de duas, como ocorre quando se mistura azul com amarelo e resulta no verde; a mistura entre azul e vermelha, que resulta no roxo; e a mistura entre vermelho e amarelo, que resulta no laranja. As cores similares, chamamos de análogas. Há as complementares, que são as três combinações opostas: azul com laranja, roxo com amarelo e vermelho com verde. Todas as cores, a partir de suas misturas, têm, de certa forma, uma harmonia, mas sempre uma se destaca mais que a outra. A única mistura em que há harmonia e as duas cores se destacam com a mesma intensidade é, exatamente, as complementares. Ou seja, posso ter pessoas análogas, parecidas, trabalhando comigo, mas sempre uma vai se destacar mais que a outra. Somente temos harmonia e destaque na mesma intensidade quando trabalhamos com alguém que nos complemente, que seja diferente do nosso jeito de pensar e agir.

Trabalhei, por muitos anos, em uma seguradora, na área de Recursos Humanos, onde eu era analista de treinamentos sênior. Atendíamos muitos clientes internos e, portanto, cada analista tinha dois assistentes. Quem me conhece sabe que sou muito comunicativa, assertiva, impulsionadora, o que me permitia, ao atender meus clientes internos, ter ideias para melhor atendê-los, de modo que, geralmente, me envolvia em muitos projetos. Só conseguia fazer isso com maestria porque tinha assistentes que complementavam meu perfil, já que detalhes, como a estruturação dos projetos, eram eles que faziam.

Neste sentido, acredito que não exista um perfil ideal, mas sim, equipes complementares.

A minha intenção, neste livro, não é me aprofundar na ferramenta DISC. Aqui, quero dar uma "linha geral" para que seja possível o entendimento dos arquétipos criados a partir da ferramenta e, com isso gerar autoconhecimento para você leitor, através deles.

Quando a pessoa responde ao inventário comportamental, ela encontra mesclas de fatores. Claro que, quando dou uma devolutiva, vejo, pelo gráfico, muito além das possibilidades de relatórios existentes no mercado. Pela conversa que é desenvolvida com a pessoa, é possível um maior aprofundamento e entendimento do perfil.

A ideia foi desenvolver um jogo de arte lúdico por meio do autoconhecimento dos 12 arquétipos, sendo três com a predominância de cada fator do DISC, mas com características diferentes, que se assemelham às características dos movimentos artísticos da História da Arte.

A pessoa, ao escolher o movimento com o qual mais se identifica, pode encontrar o seu perfil comportamental.

Vamos entender melhor os arquétipos através de um teste, procure fotos de quadros dos movimentos artísticos citados e veja com qual você se identifica, lendo a descrição abaixo terá um pouco mais de informação sobre seu estilo comportamental!

P.S. O jogo criado em tabuleiro, tem uma mecânica e dinâmica mais complexa que este teste sugerido.

Veja a seguir os 12 arquétipos:

ARQUÉTIPO – CARACTERÍSTICAS	ARQUÉTIPO – CARACTERÍSTICAS
IMPRESSIONISMO ARQUÉTIPO: O REALIZADOR • Busca sair da mediocridade para ir em direção ao excepcional. • Sua natureza é assertiva e objetiva para o fechamento de negócios. Geralmente é positivo, arrojado, ativo, competitivo e persistente. • Motiva-se por meio do desafio e envolvimento com várias pessoas. • Extrovertido e com foco em pessoas, tem facilidade em relacionamentos interpessoais e para trabalhar em equipe. • Tende a ter impulsividade e, por isso, fala o que pensa e sempre dá sua opinião. • É líder e atinge seus objetivos com o uso da persuasão e por meio das pessoas. • Tem bastante energia e se adapta para atingir seus objetivos. • Por ter muita energia, pode ser desafiador a ele executar tarefas que exijam que fique sentado o dia todo. • Gosta de diversidade e de experimentar lugares diferentes. • Questiona regras e normas.	**CUBISMO ARQUÉTIPO: O IDEALIZADOR** • Pensamento racional e estruturado. • Foco em resultados: busca caminhos diversificados para atingir resultados. • Pragmático, lógico, planejador e observador. • Prefere trabalhar sozinho. • Busca oportunidades para adquirir conhecimentos e tornar-se especialista. • É preciso que haja um método para conseguir produzir alguma coisa e progredir. • Sente-se independente para a ação, o que é fator motivador para ele. • Impacienta-se com erros e não gosta de surpresas.

ARQUÉTIPO – CARACTERÍSTICAS	ARQUÉTIPO – CARACTERÍSTICAS
HIPERREALISMO ARQUÉTIPO: O PERFECCIONISTA • A busca da perfeição é uma constante, ainda que envolva meses de insuportável esforço. • Detalhista, gosta que tudo esteja sempre em seus devidos lugares. • Define processos e políticas para si. • Motiva-se ao trabalhar em um ambiente estruturado, com parâmetros claramente definidos. • É uma abordagem questionadora: tem capacidade analítica. • Alto nível de qualidade e de natureza não assertiva. • Capaz de encontrar soluções nas quais outros não pensam. • Disposto e pronto para ajudar. • Pode ficar muito mal-humorado quando as coisas não correspondem às suas expectativas. • É realista, de modo que não costuma acreditar nas coisas sem provas ou uma sólida argumentação.	**ROCOCÓ ARQUÉTIPO: O PLANEJADOR** • Sabe segurar seus impulsos e suas emoções para usá-los no momento adequado. • Precisa de segurança: saber o que vai fazer, onde, como e com quem. • É muito prático e orientado a resultados, mas de uma forma conservadora. • Quer ser feliz e viver bem, com conforto e luxo. • É muito persistente. Por isso, mesmo sua capacidade de adaptação pode ser insuficiente. • Constrói para períodos de longo prazo. • Quando faz algo, dificilmente dá errado, porque mede e pesa todas as possibilidades anteriormente.

ARQUÉTIPO – CARACTERÍSTICAS	ARQUÉTIPO – CARACTERÍSTICAS
ROMANTISMO ARQUÉTIPO: O EMPÁTICO • Motiva-se por meio da conquista do reconhecimento e da aceitação do público. Não pode entender que o mundo não é igual para todas as pessoas. Se fôssemos todos iguais, deveríamos fazer parte do mesmo grupo. Esse talento canaliza as energias para provar que as pessoas são muito importantes. Tende a expressar diretamente suas emoções de forma dramática e exacerbada, além de demonstrar ansiedade. • Procura manter o ambiente livre de conflitos e antagonismos. • Pela facilidade que possui na área técnica ou especializada, na qual conhecimento, experiência e formação profissional são importantes fatores, pode dedicar seus esforços na busca do que é certo para melhorar a qualidade de vida dos indivíduos.	**EXPRESSIONISMO ALEMÃO ARQUÉTIPO: O COMPETIDOR** • Autoridade para dirigir as coisas à sua maneira; torna-se imprescindível. • Extremamente proativo, toma as iniciativas, muitas vezes, sem esperar os outros. • É competitivo. • Gerencia riscos com facilidade e prazer. • Desafio, sucesso, realizações e autodesenvolvimento são os motivadores desse indivíduo. • Motiva-se também ante à ausência de controles e à independência de regras. • Não se permite falhar. Tende a ser arrojado, exigente, individualista, dominador e assertivo; sempre encontra seguidores; é empreendedor e criativo. • Diante de desafios, não se importa em confrontar as pessoas. • Mudança, diversidade e atividades são, também, importantes.

ARQUÉTIPO – CARACTERÍSTICAS	ARQUÉTIPO – CARACTERÍSTICAS
ARTE URBANA ARQUÉTIPO: O COMUNICADOR • Grande comunicador, gosta de explicar e falar em público. Consegue "prender" a atenção de todos porque suas palavras retratam os interesses das pessoas, afinam-se com seu mundo e as inspira para a ação. • Sente necessidade de trazer as ideias à vida, bem como tem capacidade de transformá-las em imagens, exemplos e metáforas. • Seu "negócio" é se relacionar com pessoas diferentes. • É inquieto, curioso e autoconfiante. • É prático e sempre busca a solução que seja melhor para si. • Gosta que as pessoas gostem dele. • É brincalhão e bem-humorado. • Otimismo e entusiasmo fazem parte desse perfil. • Gosta de diversidade; questiona regras e normas. • Deseja variedade e mobilidade de ação; a liberdade, para essa pessoa, é extremamente importante.	**SURREALISMO ARQUÉTIPO: O SONHADOR** • É sonhador e vive no próprio mundo, rico, o que diminui sua necessidade de convívio com outras pessoas. • É bastante criativo e capaz de construir e derrubar castelos. • Suas emoções são "à flor da pele". • Quando se retrai, entra no mundo dos sonhos para revigoramento, nutrição. • Altamente intuitivo, faz conexões entre coisas e situações. • Motiva-se por meio do trabalho solitário, pois encontra tempo para aprofundar o conhecimento.

ARQUÉTIPO – CARACTERÍSTICAS	ARQUÉTIPO – CARACTERÍSTICAS
ESTETICISMO ARQUÉTIPO: O DIPLOMÁTICO - Bom ouvinte, ama o belo, a harmonia e a paz. - Gera credibilidade nas pessoas, razão pela qual se interessam por ele e se mantêm atentas às palavras dele. - Sente-se parte de um todo. Dessa forma, acredita que não deve explorar ou prejudicar os outros. É capaz de construir pontes entre pessoas de diferentes culturas. - Busca propósitos e se pauta na fé. - Gosta de se apresentar bem. - Motiva-se por meio da segurança, dos afetos e gosta de resolver problemas.	**EXPRESSIONISMO ABSTRATO ARQUÉTIPO: O REALIZADOR** - Tem uma profunda necessidade de autoexpressão e de autoafirmação. - É dramático e tudo acontece com muita intensidade em sua vida. - Gosta de conforto, status e de viver bem, assim como de elogios e de ser o centro das atenções. - Tem persistência no alcance de grandes conquistas; prepara-se tecnicamente a fim de enfrentar desafios; busca a perfeição: se esforça para não falhar. - Geralmente é focado em metas e resultados.

ARQUÉTIPO – CARACTERÍSTICAS	ARQUÉTIPO – CARACTERÍSTICAS
DADAÍSMO ARQUÉTIPO: O QUESTIONADOR • Profundo e questionador. • É capaz de se concentrar, de mobilizar pessoas e de persistir sem medir esforços. • Faz as coisas à sua maneira; gosta de criar e envolver outras pessoas em suas buscas. • Tem facilidade para fazer conexões a partir de suas descobertas. • Busca desafios, o mistério e o desconhecido. • Acredita que para tudo existe uma explicação, crença que o leva ao aprofundamento em suas pesquisas. • Gosta de transformar situações e pessoas.	**PRIMITIVISMO ARQUÉTIPO: O VISIONÁRIO** • Voltado para o futuro, busca os resultados por meio das pessoas. • Possui necessidade inexorável de realizar: nunca está satisfeito, de modo que, a cada dia, acredita que novas coisas precisam ser feitas. • Relaciona-se com informalidade. • Motiva-se por meio da diversidade, da novidade nas atividades, da ausência de controle, supervisão e detalhes. • Evita quem quer "consertá-lo", ensiná-lo ou moldá-lo. • É assertivo e empreendedor. • Precisa de liberdade de ação para inovar. • Simplifica em busca da excelência. • Determinação e bastante energia são características marcantes desse perfil. • É criativo e visionário.

Através deste jogo de arte podemos identificar um pouco dos nossos comportamentos. Isso pode ser usado em treinamentos de autoconhecimento e também em processos de gamificação.

Aliás, gamificação não é um bicho de sete cabeças, vamos conhecer um pouco mais e como a arte pode nos ajudar a potencializar este processo no próximo capítulo.

Capítulo 3

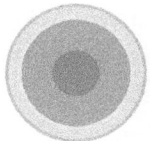

O *gamification* e a arte

Quando fazemos da vida um jogo, o jogo da vida nos revela poderes. Gostamos de competir e vencer, e isso não nos faz menos cooperativos, apenas nos permite desenvolver nossas habilidades de conquistas, a superar nossas expectativas e a buscar reconhecimento, ainda que seja de nós. Sem contar que a nossa busca maior é pela diversão. Afinal, essa é a parte mais atraente da vida, não é mesmo?

Por exemplo: dar um ovo de Páscoa não é um jogo, é só um ato de presentear, mas, se o escondermos, criaremos desafios para que a criança o encontre a partir de "supostas" pegadas do coelhinho da Páscoa. Aí, nesse caso, você transformará em jogo algo que, originalmente, não é um jogo. Ou seja, o ato de dar um presente se torna um desafio, um engajamento e uma diversão. Psicologicamente, a criança dá mais valor para o presente conquistado. Ou seja, *gamification* é o uso de elementos e técnicas de design de jogos em contextos alheios aos jogos.

Um outro exemplo interessante é de uma lixeira com um sensor de movimento que detecta quando uma pessoa joga algo dentro dela, então é automaticamente ativado um efeito sonoro digno dos melhores desenhos animados da nossa infância, dando uma sensação de profundidade, de um precipício. O objetivo era estimular as pessoas a jogarem lixo nas lixeiras, e desta forma divertida, com pessoas tentando medir a profundidade verdadeira da lata, como se ela fosse mesmo um poço sem fundo, fez com que pessoas tivessem de fato vontade de jogar seus lixos e até mesmo catar lixos do chão para jogar na lixeira. A lixeira sem fundo do The Fun Theory, engajou as pessoas a serem lixeiros voluntários, algo que era trivial se tornou uma atividade divertida. O resultado? 72 kg de lixo na lixeira sem fundo arrecadados em um dia, 41 kg a mais que uma lixeira comum na mesma localidade. Um entre milhares de exemplos de como a gamificação traz ganhos para todos.

A gamificação, ou *gamification*, que foi cunhada por Nick Pelling em 2003, é o uso de elementos de jogos, como técnicas de design de jogos, em contextos não relacionados ao ambiente lúdico. É um jeito de engajar e motivar as pessoas em situações que seriam difíceis, tediosas ou cansativas sem o lúdico, elemento capaz de torná-las atraentes e, portanto, promover resultados espontâneos através da "diversão". Não é transformar tudo em jogos, pois te mantém no mundo real. É tornar a experiência melhor, aprender com os jogos, achar os elementos que podem aprimorar a experiência que já está sendo vivida.

Pensar como um jogo é a grande chave para engajar pessoas, quando falamos de *gamification*. Por isso, pensar nas mecânicas, como competição, cooperação, desafios, possibilidades, feedback, aquisição de recursos, recompensas, transações, rodadas e estado de vitória, é um primeiro passo.

O americano Kevin Richardson gamificou por meio de um radar inteligente de velocidade: os carros que passaram abaixo do limite permitido receberam um bilhete de loteria e concorreram ao sorteio do dinheiro acumulado das infrações de multas ao fim do experimento. Ou seja: motoristas conscientes foram beneficiados.

A montadora Volkswagen fez um concurso chamado "A teoria divertida", que incentivava as pessoas a enviar boas ideias de como usar jogos e diversão para resolver problemas do mundo real, e o vencedor foi justamente esta loteria da câmera de velocidade. Foi implantada em uma via extremamente movimentada de Estocolmo, na Suécia. Houve um experimento de três dias, mas os resultados foram bem significativos: redução de acidentes e de velocidade, que caiu em 22%.

Na verdade, o resultado aparece quando as ações ocorrem naturalmente, de maneira lúdica, quando as pessoas veem sentido em um jogo e se cria a interação lúdica significativa em um sentido emocional e psicológico do jogo. Isso quer dizer que toda ação dos jogadores não só afeta no imediato, mas também em um ponto mais adiante do jogo.

Alguns exemplos que mostram por que o *gamification* é tão eficaz. É por isso que, ao pensarmos nas estratégias, precisamos nos questionar: quais dinâmicas deveremos usar? Envolveremos as emoções dos jogadores? Relacionamentos? Usaremos uma narrativa? Isso pode variar: pode ser a questão do status, altruísmo, reconhecimento, entre outros.

Lembra-se dos arquétipos que citei no capítulo anterior? Pois é. São diversos tipos de pessoas, todas diferentes e que se engajam de formas diferentes, então por isso que existem jogos que são extremamente competitivos e desafiadores, enquanto outros são mais estratégicos. Assim, entender o seu público é sempre muito importante.

Tenho amigos de infância, e até hoje jogamos muitos jogos de tabuleiro juntos, mas, quando éramos crianças, existia um jogo que era "matador". Aquele extremamente competitivo e estratégico, gerava muita adrenalina: muitos vão se lembrar do War, que ainda existe. Um tipo de jogo que atrai pessoas com o perfil dominante. Recentemente, teve uma "febre" pelo Pokémon Go, por meio do qual as pessoas precisavam caçar Pokémons em seus celulares. Quem tinha mais Pokémons? Uma forma de engajar, assim como essas: conquistas ou ranking, missões desafiadoras, pontuações, destaques, medalhas, presentes ou, até mesmo, coleções. Todas variam de acordo com as motivações que identificamos na equipe, que podem ser intrínsecas ou extrínsecas.

Para entender melhor, motivações intrínsecas estão ligadas ao emocional, à satisfação, à sensação de pertencimento ou poder, ao significado, aprendizado, ou, até mesmo, ao amor. Na motivação intrínseca você faz algo simplesmente por fazer e não por um estímulo externo. Faz porque quer. Já nas extrínsecas, por sua vez, você faz por possíveis prêmios, status, reconhecimento profissional ou a evitar uma punição. Nesta você faz uma coisa por algum motivo que não seja a coisa em si, por algo em troca. O grande desafio da gamificação é encontrar nas pessoas as motivações intrínsecas, entender melhor os seus propósitos, uma vez que motivações extrínsecas são apenas paliativas, com o tempo volta o desinteresse.

Quando aplicamos a arte no público que vai ser exposto a uma gamificação, ou seja, os possíveis jogadores, é muito mais fácil perceber quais são suas motivações intrínsecas e, portanto, mapear estratégias mais direcionadas e sustentáveis na gamificação. Afinal, a motivação intrínseca é a maneira mais poderosa e mais eficiente de encorajar as pessoas a agirem de determinada maneira. Muitas vezes, na gamificação são implantados apenas elementos que vão gerar recompensas e, com isso, a motivação extrínseca pode ser perigosa, já que a extrínseca pode anular a intrínseca, uma vez que a pessoa passa a só fazer determinada coisa se ganhar algo em troca.

A gamificação é mais que implantar uma diversão, é usar as metodologias de jogos, com o aprendizado de design de jogos, psicologia, marketing e economia e ainda dar uma pitada de diversão.

Um ponto em especial que vejo convergência na gamificação com a arte está em atingir o estado de *flow*, ou estado de fluidez.

Lembro-me do tempo quando morava com minha mãe, eu pintava no quintal de nossa casa, tinha um ritual, ligava meu aparelho portátil ao som de Pink Floyd, colocava minha paleta de cores, minha tela e ficava totalmente envolvida em minha pintura. Uma experiência única, me sentia fora de mim, naquele momento não havia dores físicas, não existiam angústias ou ansiedades típicas das dores emocionais, ou preocupações que são nossas dores mentais e muito menos dúvidas da minha existência, que são as dores espirituais. Um envolvimento muito intenso e nesse processo arrebatador de criar a minha arte não há fome ou cansaço, é apenas o fluir espontâneo.

Muitos anos depois, em minhas pesquisas de comportamento humano, descobri uma teoria que muito se assemelhava a essa experiência, a teoria do *flow*, que em português seria a fluidez espontânea ou como seu autor, Mihaly Csikszentmihalyi, denomina de experiência de fluidez. Um momento onde a pessoa encontra foco, e este em sua intensidade leva à clareza e ao êxtase. O saber o que quer fazer e o que tem que ser feito, e que é possível ser feito, apesar das dificuldades. Neste estado, a pessoa sente que o tempo desaparece, esquece dela mesmo e se sente parte de algo maior e mais valioso, como se tudo o que ela fizesse se tornasse mais grandioso. Quando você faz o que realmente gosta de fazer estas coisas dão significado e valor à sua vida.

A arte tem este poder e vi na gamificação igual sentido, pois posso criar este estado quando atinjo motivações intrínsecas, em uma ambientação de desafios versus habilidades que levem à pessoa a exatamente este ponto da fluidez, na medida que a habilidade aumenta, o desafio aumenta na mesma proporção, com percepções, objetivos bem claros e definidos.

Desenvolver pessoas por meio do *gamification* é muito interessante, porque elas ficam tão engajadas que não percebem, então se esquecem da chatice do trabalho e das suas obrigações. As coisas ficam tão mais leves que o processo fica gostoso e os resultados se mostram incríveis.

Trata-se de um processo de *gamification*, não de um projeto, e, portanto, precisa que se levante o objetivo estratégico para que seja efetivo. Na fase de levantamento, um ponto fundamental é entender quem são os jogadores, como já disse. Ou seja: os envolvidos no processo e que comportamentos queremos estimular nessas pessoas, assim como que tipo de recompensa seria estimulante o suficiente para seu engajamento. Claro que, aqui, é preciso também avaliar mecânicas a serem aplicadas e ferramentas de controle, mas o ponto que quero colocar maior enfoque, já que esse livro está direcionado à aplicação da arte em processos já existentes, é justamente essa etapa de levantamento de informações sobre as pessoas envolvidas e o ambiente em que será aplicado o *gamification*.

O caminho de uma boa gamificação é definir o objetivo, os comportamentos-alvos, os jogadores, ciclos de atividades e sem esquecer de temperar com diversão e usar elementos de jogo mais adequados para cada circunstância.

Conforme fui me apaixonando pelo *gamification*, conheci pessoas bem bacanas que trabalham com isso e fiz parcerias com elas, projetos, o que me tornou ainda mais interessada. Foi então que percebi que uma das etapas mais importantes é quando mapeamos os jogadores, e, nesse sentido, isso é muito parecido com o trabalho de consultoria ou de treinamentos com o qual já estava acostumada. Vou explicar o motivo.

Ao fazer um trabalho, uma parte muito importante é o mapeamento ou diagnóstico: conhecer mais o perfil das pessoas envolvidas e entender melhor o que ocorre no ambiente, além do objetivo que se quer alcançar para que possamos elaborar um trabalho mais assertivo à proposta.

O perfil dos jogadores é, na verdade, entender quem são os envolvidos no processo. É, portanto, entender o temperamento das pessoas, como elas se motivam e como é seu comportamento preferencial, o que torna mais fácil montar uma estratégia de gamificação. Por isso que algumas pessoas usam ferramentas de *assessment*, como DISC ou similares, por identificar talentos, comportamentos e engajadores das pessoas, de modo a fazer o mapeamento correto.

É justamente aqui que uso o meu jogo de arte que citei no capítulo anterior.

Isso gera autoconhecimento de maneira lúdica, interessante e com cultura. O resultado: mapeamos todos os jogadores antes de iniciar o *gamification*.

Além disso, a arte pode ser usada em outras circunstâncias: a aplicação de atividades artísticas deve acontecer de tempos em tempos no *gamification*, como uma espécie de ponto de "abastecimento", pois, nesse contato com a arte, os jogadores identificam seus potenciais e "reabastecem" suas energias para o "grande jogo" do dia a dia.

É um conceito bastante simples e muito eficaz, porque, além de ser muito divertido, os resultados são visíveis para a organização.

Claro que, sabendo do meu público, fica mais fácil determinar a mecânica e o fluxo do jogo; geralmente criamos uma história que envolve o público e recompensas de acordo com ele. Assim, o jogo fica mais interessante. Uso muito a ferramenta Canvas para me auxiliar.

Lógico que, ao finalizarmos, fazemos um evento de apresentação para as pessoas envolvidas, no qual podemos, novamente, usar meios de comunicação e entendimento de acordo com os modelos mentais traçados por meio dos perfis comportamentais.

Isso poderia ser feito da mesma forma ao se aplicar ferramentas de autoconhecimento já existentes no mercado, mas que não dispõem do mesmo efeito lúdico de um jogo referente à História da Arte.

Afinal, envolve o lúdico, a arte, o jogo dentro do "grande jogo": o contemplar e ser receptivo à realidade, o abrir ao máximo os "poros" da sensibilidade para captar os sinais da realidade exterior – para conectar-se com o que se oculta por trás dela, com o que permanece subjacente, invisível aos olhos.

Além dos arquétipos que criei por meio de movimentos artísticos, podemos, também, implantar atividades artísticas para desenvolver pessoas, como nos processos de coaching. É recomendável o acompanhamento constante em todo o processo; possivelmente, sessões em grupo com atividades lúdicas que envolvam arte e jogos, pois sempre "aquecem" as pessoas e revisam o processo.

E como uso a arte para desenvolver pessoas dentro de treinamentos? Vamos entender melhor?

Capítulo 4

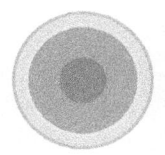

Arte em treinamentos

Outro dia parei o carro em uma vaga em frente a uma farmácia de manipulação. Havia, ainda, duas vagas livres. Dessa forma, achei estranho que um carro parou atrás do meu, mas imaginei que seria o de uma mãe com pressa, que pagaria os remédios enquanto o filho adolescente ficaria no carro. Minha mãe fazia assim, então, talvez, seja esse um modelo mental que tenho.

Entrei na farmácia, mas nada de uma mãe apressada entrar. Aliás, ninguém entrou. Quando saí, o carro ainda estava lá, e dentro dele um rapaz mexia no celular de modo frenético, talvez a razão pela qual tenha estacionado. Parecia tão envolvido no mundo virtual que mal percebeu que eu estava ali, que havia ligado meu carro e aguardava pela retirada do dele para que eu pudesse sair. Precisei buzinar uma, duas, três vezes. Mesmo assim, só quando pessoalmente pedi para ele, "acordou" para o planeta Terra, em que realmente vive.

Isso me fez pensar nesse mundo virtual que estamos vivendo e que tanto nos absorve!

É tão comum presenciar cenas nas quais a família toda olha para o celular, mesmo em restaurantes, onde o aparelho também se tornou o centro das atenções. Digo mais: eu sou igualmente "escrava" desse mundo que nos consome sem que nossa consciência estabeleça limites!

Voltei para a direção, e, no farol, o telefone apitou: tinha entrado mais uma mensagem. Poderia ser de um cliente que iria me retornar naquele dia, ou da escola, falando algo sobre meus filhos, ou, quem sabe, algo muito divertido e curioso que alguém havia postado e me faria rir. Sim, é dessa forma que entramos nesse processo sem fim!

Realmente não é tão simples escrever que devemos viver mais o "aqui e agora" ou ter presença. Coisas do tipo: "Desliguem seus celulares!", como presenciado em manifestações libertárias. Na verdade, o problema é muito maior: talvez, o presente não esteja tão interessante quanto às mensagens e posts que recebemos, e, provavelmente, isso acontece porque nossa visão está distorcida demais para ver a beleza das coisas mais simples da vida.

Será que ainda ouvimos os cantos dos pássaros? Sim, eles continuam cantando, e da minha casa, que não é um exemplo de paisagem natural, dá para ouvir todos os dias, pela manhã. Damos valor ao ar que respiramos, ou à beleza de uma árvore ou de um belo dia de sol? Conseguimos rir? Simplesmente rir, nos juntarmos às pessoas que gostamos e mesmo às que, um dia, nos magoaram, mas que fomos capazes de perdoá-las. Conseguimos sonhar? Talvez, se conseguirmos tudo isso, o mundo virtual pareça menos atrativo!

Sendo eu uma profissional da área de educação, penso constantemente nessa vertente do mundo virtual versus o mundo real. Criar um ambiente de educação perto de pessoas com capacidade de contemplar e admirar o belo através da arte é como estar sintonizada com campos inteligentes que organizam a alegria e a felicidade. É uma maneira de educar as pessoas a verem e entenderem as coisas mais simples e importantes da vida. Claro que, nas organizações, não basta só isso, mas é a base de tudo, pois pessoas com mais presença e com maior capacidade de percepção tendem a dar mais resultados bons nas empresas, a gerar reuniões mais produtivas, a respeitar as pessoas ao seu redor e o tempo delas.

Tão simples e tão complicado, não é mesmo? Dentre as coisas que mais percebo em ambientes corporativos estão os gestores extremamente ocupados e que se mantêm "conectados" aos seus telefones, mensagens, conferências e e-mails, o que gera improdutividade ao seu redor, pois as reuniões com eles são sempre mais demoradas, visto que são ausências constantes. Pequenos problemas se tornam grandes, porque, ao se sentar à mesa dessas pessoas para solucioná-los, elas, simplesmente, o interrompem muitas vezes, ou, ainda, não se atentam o suficiente para enxergarem que uma possível melhor solução não gere retorno. Equipes com brainstorming criativo, em meio a essa loucura, estão cada vez mais raras.

Os treinamentos empresariais com ferramentas de planejamento ou metodologias são importantes e fazem parte do meu trabalho, mas não correspondem à necessidade mais latente no mercado, hoje. Na verdade, as pessoas precisam reaprender a viver uma vida presente.

O mundo, atualmente, como se tornou claro com o exemplo do moço e o celular, está sendo tomado pelo mundo virtual, e, portanto, as pessoas não buscam mais informações em sala de aula, porque isso elas podem obter por meio da internet, a qualquer momento. As pessoas querem uma experiência que as façam refletir, que gere uma semente de transformação. A transformação vai acontecer se essa semente for regada. Ou seja, depende da própria pessoa, mas o despertar pode acontecer em um ambiente de treinamento.

Já propus a um grupo de engenheiros, uma atividade artística em um treinamento de delegação: precisava que, em suas mentes extremamente racionais e diretas, eles pudessem ter acesso ao processo intuitivo. O processo promoveu um contato interior muito bacana com aquela turma exigente de jovens recém-formados: havia um histórico de consultores que estiveram naquela empresa para ministrar treinamentos e que, simplesmente, foram massacrados por críticas, porque, para aqueles engenheiros, a perfeição significava pouco. A arte, assim como os jogos que usei em sala de aula, por propiciarem um contato consigo, fez com que a exigência se voltasse a eles, de modo que puderam perceber o quanto estavam sendo "pesados" consigo e com os outros, e isso é o contato com o que há de melhor em si. Kandinsky disse que esse fenômeno é o contato com o belo ou suas necessidades interiores, que a beleza não é estética ou um objeto, tampouco uma coisa: é uma experiência que acontece no interior do ser humano, relacionada à ampliação da consciência e à percepção. Quando alguém experimenta a beleza dentro de si, isso transforma sua maneira de ver o que está ao seu redor.

O momento de introspecção e silêncio promovido nessas atividades propicia o entendimento de um propósito e a reflexão da congruência disso com os conteúdos expostos em sala de aula. Quando o indivíduo percebe causas, tende a se entregar com muito mais dedicação, além de propiciar qualidade de vida e acesso ao canal intuitivo e criativo para tomadas de decisão.

É o que chamamos de "experiência em sala de aula". Nela, a pessoa pode buscar um treinamento de vendas, negociação, orientação em relação a resultados ou a qualquer tema. A vivência do conteúdo por meio de um jogo faz com que o aprendizado seja muito mais rápido e efetivo, e a experiência com a arte traz consciência dos comportamentos mais recorrentes, que podem, de forma geral, atrapalhar ou beneficiar o indivíduo em suas conquistas. Na verdade, no decorrer do jogo isso também ocorre, mas com a complementariedade da arte. Podemos nos aprofundar um pouco mais nisso, pois traz atenção, energia e consciência do momento presente.

O que vemos em sala de aula pode nos revelar coisas de extrema importância para desenvolvimento de equipes.

Ao usar jogos ou exercícios com arte em sala de aula, percebo que o *mindset* é o mesmo: a pessoa age exatamente como agiria em seu dia a dia, com a diferença que, naquele momento, ela está tomando consciência, como um encontro consigo!

Uma vez ministrei um treinamento para uma equipe de atendimento ao cliente. Público no qual as pessoas precisam muito da empatia, da habilidade de conexão com as outras pessoas. Em um jogo que estava aplicando, era preciso que o grupo ganhasse um determinado ritmo para que conseguisse alcançar o objetivo proposto. Num dos grupos havia uma participante que fazia questão de não entrar no ritmo do grupo, e, por mais que os demais suplicassem para que ela entendesse as regras do jogo, ela deixava claro, em sua comunicação verbal e não verbal, que não queria acompanhar os demais, mas seguir seu próprio ritmo.

Havia, ali, uma crença muito forte por parte dela de que as pessoas deveriam aceitá-la com seu jeito e ritmo. Assim, não se esforçaria para acompanhar o grupo.

Numa outra empresa, percebi, em uma atividade que também envolvia jogo, que um participante tentava "roubar" para ganhar, e, quando percebeu que estava sendo auditado, entrou em pânico.

Isso não quer dizer que a moça não seria capaz de ter empatia em seus atendimentos ou que o rapaz seria desonesto na empresa. O que o jogo nos revelou, a partir desses momentos, foram possibilidades de que ambas as situações ocorram, de um ponto de atenção.

Também nos revela coisas surpreendentes, como um jogo no qual, geralmente, as pessoas encontram a grande "sacada" na terceira rodada, porque há uma curva evolutiva de aprendizado normal: em um grupo, um participante a encontrou logo na primeira.

Também há casos nos quais as pessoas, diante do jogo, demonstram plena consciência de cooperatividade, o que as faz correrem o risco de perderem em favor do grupo, como pude ver ocorrer com outra equipe.

Segundo essa visão, o rapaz demonstrou alta capacidade de olhar "fora da caixa", enquanto que a moça, na segunda alternativa, de ter um olhar coletivo.

O poder que os jogos, em treinamentos, trazem. Quando, com eles, aplicamos a arte, na sequência, ou até mesmo criamos jogos com a arte, como o que criei para o *gamification*, potencializamos essa percepção. No jogo, o participante percebe seus atos e modelo mental, enquanto que a arte fortalece essa imersão interior de autoconhecimento.

A arte traz um conceito de que gosto muito, que amplia muitas crenças limitantes do obter mais com menos: na arte, o natural flui. Se aparece muito esforço, é sinal de que algo está errado! Assim ocorre na vida, mudar é transformar a visão que temos do mundo.

Isso pode ser potencializado com o modelo de sala de aula discutido hoje: o *Flipped Classroom*. Ou seja, uma proposta de inversão completa do modelo de ensino, no qual há uma introdução do conteúdo via textos ou videoaulas, com conceitos básicos e exercícios resolvidos como exemplos, e, em sala de aula, o jogo pode ser a vivência do conteúdo que, somado à arte, potencializa a percepção e consciência do aluno no processo de aprendizado. Isso eleva o papel do professor ou facilitador, e, segundo um levantamento feito na Universidade de British Columbia, nos Estados Unidos, com professores de Física que aplicaram a metodologia, dentre os quais estão Carl Wieman, prêmio Nobel de Física em 2001, houve um aumento de 20% na presença, 40% na participação e 200% nas notas escolares.

Na Universidade de Harvard, por sua vez, professores de Matemática conduziram um estudo de dez anos em suas aulas de Cálculo e Álgebra e descobriram, por meio dele, que alunos inscritos em aulas invertidas obtiveram ganhos de 49 a 74% em relação ao ensino tradicional.

Já há ganho substancial com essa mudança de paradigma no método de ensino, e, quando potencializado com a vivência de jogos e arte em sala de aula, o ganho se amplia!

Falamos muito do impacto das tecnologias; comecei o capítulo refletindo sobre isso, como somos "raptados" por esse meio virtual. O mesmo ocorre conosco pelo sistema tradicional, que nos "rapta" constantemente, como o celular fez com o rapaz, ao tirar a percepção dele quanto ao seu redor. Claro que aulas expositivas são chatas, porque posso, a qualquer momento, ter acesso ao conteúdo pela internet, ou, pelo menos, tenho essa ilusão. O que mais vemos são alunos entediados e cansados. Em organizações, por sua vez, executivos preocupados com suas tarefas e desconectados do ambiente de treinamento proposto.

O método tradicional, de forma linear, agora passou a ser compreendido de maneira virtual, interativa e dinâmica. Já que engajar é estimular, por meio do autoconhecimento promovido pelas artes, o aprofundamento do conhecimento estudado previamente em treinamento com jogos vivenciados em sala de aula somados a plenários, exercícios e simulações.

O processo inovador coloca o aluno como protagonista em um processo de aprendizagem, e isso ocorre da mesma forma nas empresas, já que a aprendizagem começa ao gerar autonomia e disciplina.

A arte ajuda muito nesse ponto porque promove a concentração, o foco.

Para uma turma de pós-graduação, na qual leciono a disciplina Inovação, Empreendedorismo e Criatividade, certa vez, levei uma atividade com arte. Como minha matéria é ficar "fora da caixa", não houve resistência. O resultado: os alunos, naquele momento, entenderam que, quando eles adquirem autoconhecimento, fica muito mais fácil inovar, criar ou empreender algo, e bastou um contato com a arte para isso!

Agora imagine em circunstâncias que o contato com o público não é tão próximo e a quantidade de pessoas é muito maior como no caso das palestras. Também é possível usar a arte? Claro que sim! Vamos ver no próximo capítulo.

Capítulo 5

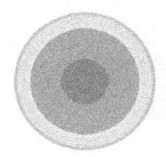

Arte nas palestras

Fui a uma festa de criança. Ocorreu na casa de um amiguinho do meu filho de 4 anos. Por uma incrível coincidência, na mesma rua que morei quando criança. Ao chegarmos, eu tive uma mistura de sentimentos, uma saudade gostosa de uma infância feliz, de brincadeiras despreocupadas na rua – como pega-pega, ou, simplesmente, a aventura de escalar árvores – de muitos amigos, e de uma casa deliciosa na qual vivia. Foi a minha realidade, bem diferente da que as crianças vivem hoje, infelizmente!

Fiquei triste também, pois senti falta da minha mãe, daquela linda casa que hoje não é mais a minha realidade, assim como aquela vida. Senti como se tivessem me tirado algo! Não cabem detalhes aqui, mas vendemos aquela casa por problemas financeiros, em um momento da história da minha vida.

Um lindo domingo e as ruas estavam calmas. Lembrei-me, imediatamente, da cena que vi em uma sexta-feira, em pleno Centro de São Paulo, onde chovia. No meu carro avistei, na calçada, um moço a se encurvar debaixo do seu guarda-chuva, reclamando de se molhar. Pensei, naquela hora, que, por mais que o trânsito estivesse mesmo difícil, eu não poderia reclamar, pois estava "protegida" em meu carro. Engraçado como é tudo uma ilusão, porque, logo em seguida, eu vi a cena mais bacana que poderia ter visto naquela semana: um rapaz com os braços abertos, a cabeça levantada e um largo sorriso, simplesmente curtindo a chuva!

Sabe, eu escolhi ficar com as lembranças felizes da minha infância e viver uma tarde de domingo gostosa e feliz com minha família, porque era o que eu poderia fazer naquele momento. Às vezes, fazemos escolhas que não dão certo. Por vezes, passamos por problemas que nos levam a uma situação mais difícil; nem sempre tudo é como queremos. De que adianta reclamar? Realmente, isso só nos deixa "curvados" perante a vida. Acho que o melhor, mesmo, é erguer a cabeça, abrir os braços e curtir o momento. Afinal, é sua mente quem comandará se ele será bom ou não!

Pensamentos paradoxais, por vezes, nos dominam. Não tenho dúvidas de que podemos fazer escolhas o tempo inteiro e que a felicidade está muito mais próxima de como dominamos a nossa mente do que da realidade em que vivemos. Quando me tornei palestrante, uma das minhas missões passou a ser compartilhar com as pessoas visões de mundo diferentes para fazê-las enxergarem um mundo melhor.

Alguns me perguntam: "O que podemos fazer para evitarmos esses momentos em que nossa mente nos leva para um lado mais sombrio e negativo da vida?" Respondo com uma das coisas que aprendi: "Isso sempre ocorre, simplesmente, por sermos humanos!"

Por isso que práticas como a meditação, o contato com a natureza e a arte nos ajudam a sempre nos restabelecermos nesse sentido. O que precisamos, na verdade, é ressignificar, ou seja, rever a forma que interpretamos uma situação em nossa vida, praticarmos um novo olhar em relação ao que sentimos e ao modo que filtramos os acontecimentos do mundo.

Nesse sentido, a arte pode ajudar, pois traz um estado de consciência muito rápido e isso gera aprendizado.

– Como posso usar a arte em uma palestra? – uma coachee que estava fazendo formação da ferramenta DISC comigo, me perguntou, certa vez, no intervalo do treinamento.

– É muito simples! Basta usá-la como qualquer outra ferramenta. Assim como você usa qualquer conhecimento que você adquire, basta que ela coincida com o objetivo que você quer "passar".

Lembro-me de que, para uma grande palestra que iria ministrar sobre mudanças, desejava provocar uma reflexão que levasse os participantes a pensarem em processos e paradigmas naturais do dia a dia. Faziam parte de um grupo de corretores e a comunicação havia se tornado problema nos últimos meses. Faríamos um trabalho grande naquela corporação, e aquela seria a abertura e início de tudo. Por ser uma convenção de vendas, a plateia estava bem cheia.

No meio à palestra, abordei os conceitos do Daniel Goleman sobre Inteligência Social, em relação ao que ele comenta a respeito da necessidade de criação de conexões com as pessoas para que tenhamos relações mais completas e criativas, o que exige, de nossa parte, atenção genuína para com as pessoas, realmente ter interesse legítimo. Nesse momento, pedi para que pegassem um papel e uma caneta, ou lápis, e fechassem seus olhos. Na sequência, pedi que pensassem em alguém de quem gostassem muito. Na sequência, que desenhassem a pessoa em questão no papel. Claro que ali não precisaram de qualquer técnica, porque deveria ser apenas um desenho simples. Por último, pedi que desenhassem alguém que estivesse ao seu lado ou à sua frente.

O que se explica, com esse processo, é que a maior parte de nossas referências estão contidas no período dos zero aos 7 anos, em que formamos nossa personalidade. Por exemplo: se eu pedisse a você para desenhar alguém apenas com a referência de sua memória, seria bem provável que você buscasse as informações para tanto no primeiro setênio de sua vida. Exceto, é claro, se fosse um artista muito treinado em desenhos de memória. Dessa forma, é muito comum que o desenho, nessa circunstância, se forme bem infantilizado, do mesmo modo como ocorria quando essas pessoas e você eram crianças.

Acontece que, quando peço para desenhar alguém que está por perto, teoricamente, agora, tenho uma referência. Embora eu não tenha a técnica, posso prestar atenção às características do outro, colocar detalhes que vejo claramente, como óculos, cabelos compridos, barba, careca, uma pinta, entre outros.

Na palestra, os levei a refletirem se o segundo desenho estava parecido com o primeiro, se a pessoa desenhada se via, de alguma forma, no desenho, sem considerar a habilidade, naturalmente, ou se não houvera qualquer preocupação quanto à observação de detalhes antes da produção artística.

A reflexão, aqui, é ótima: a grande maioria desloca sua atenção para a ação de desenhar logo ao receber o comando, de maneira que mal observa a pessoa de referência, foco do momento. Ao invés disso, se utiliza das próprias referências.

Foi um aprendizado muito grande, bem mais significativo do que seria se eu me limitasse a falar, com a ajuda de slides, sobre a importância de olhar o modelo mental do outro na comunicação. Um exemplo de como a arte pode ajudar até mesmo com grandes plateias.

Quando estamos em uma palestra, o processo precisa ser adaptado, já que o tempo é menor, e o público, por sua vez, maior. Precisamos, nesse contexto, criar formas de usar a arte como reflexão no roteiro da palestra, sem perder a essência e formato que as pessoas esperam.

Isso exige mais da criatividade do palestrante, pois precisamos saber usar a arte como forma de pequenas vivências ou experiências a serem contadas.

Uso muito imagens de quadros nos slides, e por meio da História da Arte mesclada a conceitos que quero levar para a plateia, consigo dar um "tempero" bem interessante.

As palestras servem para gerar sementes de transformação, e se a arte puder ajudá-la, o processo será ainda melhor!

Já que comecei este capítulo falando da saudade, vale dizer que ela é saudável e deve ser vivida em nossas memórias, diferentemente da nostalgia, que nos imobiliza por prender-nos a um tempo que já passou! Finalizo com esta mensagem que escrevi sobre a saudade:

Saudade

Do tempo que se foi, do tempo que não vem, da riqueza das flores e dos dias apaixonados de primavera!

Daquela vontade de crescer, da ilusão dos sonhos, do meu jeito maroto e da falta do que fazer!

Da luz que revelava a farra que fazíamos, dos morros que traziam ventos refrescantes, da liberdade e dos riscos escondidos.

Do olhar triste e alegre, ao mesmo tempo, da fúria adolescente, da busca eterna de um lugar para ficar!

Da inconsciência do futuro, da falta de pretensão, do lago com pedalinho e do colo materno!

Do estar e ficar, pedalar por horas, mas sem estar e sem ficar. O sentir que se está em algum lugar e que algo ficará para sempre em nossos corações!

Vamos entender como aplicar isso em processos de consultoria? Basta entender no próximo capítulo.

Capítulo 6

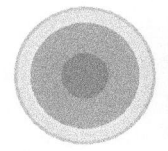

Arte em trabalhos de consultoria

Tive um cliente, uma escola de Inglês. O dono, uma pessoa extremamente espiritualizada, será chamado de Marcos por aqui. Alto, magro e muito simpático pelo seu lindo sorriso, é um ser muito iluminado. Foi um dos melhores trabalhos que fizemos, muito gratificante pela grande quantidade de ideias bacanas do cliente.

Competiu-nos a reestruturação das políticas da escola: criamos uma identidade com missão, visão e valores e desenvolvemos um planejamento estratégico para ela.

Em um momento, percebemos que o Marcos, por ser tão espiritualizado, também tinha uma crença limitante com relação ao dinheiro, que lhe parecia algo desnecessário, quando em excesso, para viver. O que ocorre, diante de uma crença como essa, quando se quer prosperar nos negócios? Você deve imaginar que isso atrapalha, não é mesmo?

Lembro-me de que trabalhamos com ele a ampliação da crença por meio de exercícios de Programação Neurolinguística, para que mudássemos sua relação com o dinheiro pela demonstração de que, quanto mais ganhasse, mais poderia ajudar as pessoas, um fato praticado por ele. Ao fim dos exercícios, para intensificar a força do desejo dele, pedi que desenhasse uma imagem do estado futuro que desejava. Ele o fez em um papel canson A4 e o resultado foi sensacional! Naquele momento, possibilitei a criação de uma imagem que seria associativa ao seu desejo, toda vez que a visse. Tecnicamente, dizemos que isso significa "criar uma âncora", ou seja, olhar a imagem e, imediatamente, se lembrar do desejo e da força própria interior de realização como modo de nunca sair do foco da meta que, no caso de Marcos, era o motivo para prosperar.

Por mais que um trabalho de consultoria pareça algo mais técnico, sempre há um espaço para colocar a arte a favor dos resultados. Claro que existem contextos diferentes. Por exemplo, já fiz implantações de avaliações de desempenho em grandes empresas, nas quais precisei desenhar suas competências em reuniões com a Diretoria, em ambientes extremamente formais, em que não havia a mínima abertura para uma atividade artística.

Cabe aqui utilizar o bom senso, considerar o espaço que lhe é dado, o quanto a cultura organizacional permite este tipo de intervenção e até mesmo se o líder que conduz a empresa tem mente aberta.

Em contrapartida, já fiz pequenas intervenções, parecidas com as que faço em palestras, em circunstâncias nas quais tive pouca "abertura", pois, somente assim, consegui abrir um canal de reflexão na reunião, o que representou um ganho considerável.

Gosto muito desta metáfora que escrevi, a qual mostra que tudo é uma construção, e que, passo a passo, conquistamos nosso espaço.

Pirâmide

Uma vez, um jovem rapaz que viajava para o Egito se deparou, perplexo, com uma pirâmide.

– Como é possível que seres humanos, sem grandes aparatos técnicos, possam ter construído uma grandiosidade como esta?

Ao seu lado, calado, sentado em estado de meditação, um velho sábio apenas contemplava a beleza da vida. O jovem logo se sentiu ignorado e resolveu questionar o velho sábio.

– O senhor não se admira que seja possível tal proeza?!

– Nada é muito grande ou impossível quando está ao alcance das suas mãos! – disse o velho sábio, sorrindo.

– Meu senhor, é justamente sobre isso que estou falando: isto parece estar fora do alcance de nossas mãos! – replicou o jovem, visivelmente irritado.

– Se podes construir algo, o faça sem medo de pequenos deslizes ou imperfeições. Será cada pedra, colocada uma a uma, com sua força, que fará um grande monumento. Pequenos atos podem fazer grandes diferenças!

O jovem pensou nas palavras, que lhe entraram na alma, e viu a beleza e majestosidade daquela pirâmide serem refletidas em outra, interna, que estava sendo construída. Nos seus pensamentos, ponderou que eram as pedras, uma a uma, que fariam a diferença e poderiam transformar, com a força da natureza!

Sentiu, em sua alma, um poder que até então desconhecia: a realização por meio de pequenos atos!

Os processos de coaching são diferentes? Tem uma particularidade interessante no uso da arte que vou descrever no próximo capítulo.

Capítulo 7

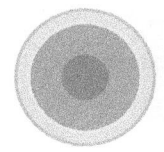

O uso da arte no *coaching*

À s vezes, uma pergunta é a solução, mas, geralmente, complicamos por tentarmos achar respostas prontas. Fui para a Austrália há muitos anos e, embora o meu Inglês estivesse razoável, existem aqueles momentos em que surge um "branco" absurdo em nossa mente pelo esquecimento das palavras.

Fui a um fast-food e, ao fazer meu pedido, queria solicitar mais guardanapo, mas não conseguia me lembrar como se fala guardanapo em Inglês. Sabe aquela cena maluca na qual alguém faz mímica em plena luz do dia, com uma fila enorme atrás de si, e se torna digno de ser filmado e colocado no YouTube? Aliás, na época não era tão fácil como agora, para minha sorte! De repente, a atendente me perguntou, em Português, se eu desejava mais guardanapo. Pois é, era brasileira e teria bastado perguntar se ela entendia Português, o que me pouparia o mico!

Fazer perguntas tem outra conotação, além dessa. A arte de fazer perguntas, ou a maiêutica, é a grande "chave" do Coaching, pois, melhor do que ter respostas para tudo, é fazer as melhores perguntas, que provoquem as melhores respostas.

A minha viagem para a Austrália não foi algo que "caiu do céu" ou que aconteceu de forma fácil para mim. Surgiu de um sonho de criança. Costumava falar para as pessoas que iria conhecer a Austrália, um dia, e brincava com isso: tirava fotos de sucos diferentes que eu criava, dizia que os venderia na praia e coisas do gênero.

Não tinha o dinheiro e, muito menos, dominava a língua. Até que, um dia, minha mãe me fez uma pergunta que me levou à ação. Naquela pergunta estavam implícitas minhas crenças e valores que influenciavam, diretamente, em minhas capacidades e comportamentos. A pergunta foi bem simples:

– O que lhe impede de ir para a Austrália?

Refleti na pergunta, pois havia vontade e disposição. Portanto, comecei o planejamento. Por cinco anos, estudei Inglês e guardei dinheiro até que fosse possível concretizar meu sonho.

Tinha praticado Coaching sem nem saber o que era, naquela época!

Há alguns anos, fui contratada para ser coach executiva de uma grande empresa de seguros. O diretor, um homem de meia-idade, conhecedor do processo de coaching, dono de cabelos ralos, óculos redondos e de um olhar sereno e sério, havia me assistido em uma palestra e gostado da minha proposta de trabalho. Mais tarde, entendi porque muitas pessoas o admiravam: havia uma disposição da parte dele para servir, atenção genuína e uma política de "portas abertas" bem interessante. Muito comum, quando eu chegava à sala dele, que investisse boa parte do tempo comigo na percepção de cada funcionário. Assim, muitas vezes, ignorava o fato de tal trabalho ser da parte do coordenador, que seria promovido a gerente muito em breve por sua extrema capacitação. O coordenador, que seria o meu coachee (aqui, irei chamá-lo de Luís), tinha jeito descontraído, era um pouco desajeitado quanto à sua vestimenta e, em geral, demonstrava desorganização e falta de planejamento para atingir suas metas, apesar do amplo conhecimento e domínio dos assuntos relacionados à sua função.

Sabia que havia algo a mais que as aparências demonstravam, mas não entendia, ao certo, o que era. Ouvia o diretor, que chamarei de Jorge, falar sobre suas expectativas de resultado, o que me fez, aos poucos, perceber o ambiente e o contexto da empresa.

– Pontualidade não tem sido exemplo para que eu possa promovê-lo!

– Na sua percepção, o que o leva a ter esse comportamento?

– Acredito que ele não se organiza como deveria, e que isso o atrasa em tudo.

– O que o faz acreditar que o coaching o ajudaria?

– Preciso que fique mais focado em suas metas.

Naquele momento, começamos a conversar sobre isso. Na verdade, Jorge entendia que uma pessoa com metas e planos pode organizar os seus afazeres de forma mais eficaz, e, consequentemente, se respaldar em outros aspectos mais simples, como: ter uma mesa mais alinhada, roupas impecáveis, boa gestão do tempo e assim por diante.

Não necessariamente o que o contratante do coaching executivo deseja é congruente com o que o coachee deseja para si, portanto, no momento da contratação, costumo fazer uma pergunta simples e direta. Perguntei para Jorge:

– Pode ser que ele tome consciência de que aqui não é o lugar dele. Já pensou nessa hipótese?

O silêncio tomou o ambiente e a sobrancelha do diretor levantou em gesto de surpresa.

– Você quer mesmo que a contrate?

Digo isso porque há um perigo quanto à expectativa gerada em um coaching executivo, no qual o contratante, diferente do coachee, é, geralmente, um gestor a "moldar" alguém. Buda já nos dizia que expectativas só servem para nos causar frustações e ansiedade. O outro, provavelmente, não vai entregar aquilo que esperamos, e sim aquilo que ele desenvolve em seu mapa mental, em seu olhar e lente perante a vida, que variam a cada pessoa.

Por isso, o processo único. Não passa por uma receita de bolo, com infinitas possibilidades. O coaching precisa acontecer de acordo com a pessoa que está à sua frente, com o que ela demanda, a consciência que precisa atingir e a percepção que lhe será útil em sua jornada.

Como um encontro com o herói dentro de si, que passa por uma jornada de desafios e escolhas por vezes complicadas e difíceis, estas jornadas internas estão em nosso sistema de crenças, que nos impede, muitas vezes, de prosseguirmos e conquistarmos o próximo nível. Muitas vezes, ficamos presos em nossas ilusões limitadoras, que nos impossibilitam de conquistar nossas vontades. Por isso, trago como mais uma ferramenta para meus atendimentos a arte, já que o meu maior intuito é que meu coachee encontre, dentro de si, as próprias respostas.

Aqui, vale diferenciar algumas coisas importantes que muitos confundem, como desejos e vontades. Segundo Immanuel Kant, Desejos estão ligados aos nossos instintos e não dependem de nossas ações, pensamentos, escolhas e estado de consciência. Emerge do pensamento à ação sem que se possa controlar , simplesmente ocorrem e são bem diferentes das nossas vontades, que passam por nossos filtros e que, realmente, merecem investimento de nossa energia, tempo e dedicação. As vontades é o uso da razão para deliberar escolhas, o saber materializado em conduta. Importante entender, já que há perda de energia e foco com coisas que, na verdade, não passam de desejos tolos. Assim, também não podemos esquecer que desejos não são direitos. Por isso, o filtro é fundamental para avaliarmos, inclusive, se o que queremos é para um bem coletivo.

Certa vez, uma coachee me disse que tinha o desejo de possuir um Porche Cayenne, mas que, se realmente ela tivesse o dinheiro para comprar esse carro tão caro, ela investiria em seu negócio. Um exemplo de alguém que sabe distinguir entre desejos e vontades.

Uma vez que você sabe distinguir suas vontades de desejos, traçar um mote, um fio condutor que lhe conduza para um propósito maior, é recomendável, pois vontades não serão mais ao bel-prazer de um egocentrismo, mas de um propósito que traga um motivo para sua existência e deixe um legado. Na sua ausência, que falta fará? Qual legado vai construir?

Tinha uma tia que era muito doce: a tia Dorinha, como era conhecida. Amorosa e querida por toda a família, lembro-me que, quando eu era criança, sempre que havia algum desentendimento na família ela se mantinha calma e, frequentemente, apaziguava as pessoas. Agora, a imagem que não esqueço é de quando viajávamos juntas para Ilhabela. Nós alugávamos um chalé simples, mas que tinha uma vista linda. A Dorinha me dizia que não ligava para que tivesse luxo, mas fazia questão de ter uma vista bonita, de olhar para o mar quando acordasse.

Exatamente o que ela fazia: acordava antes de todo mundo, esquentava o café com leite, seu pão com manteiga e comia olhando para aquela vista, com muita tranquilidade, devagar, apreciando cada mordida, cada sabor. Quando acordávamos, ela ainda estava à mesa e nos esperava finalizar o café. Uma delícia ver aquela cena! Sabe que toda vez que eu entro na loucura do dia a dia, que começo a correr contra o tempo, que deixo de apreciar as coisas bonitas ou o sabor da comida, eu imediatamente me lembro da minha tia Dorinha e dou uma pausa para a vida plena! Isso é legado!

Outras coisas importantes são o talento, que é a capacidade natural de executar algo acima da média, e a vocação, que significa ter a personalidade e os atributos para tal, preparar essa pedra bruta. Muitos não se conhecem e, portanto, não reconhecem seus talentos, ou os reconhecem, mas não os preparam, por meio da vocação. Justamente isso que podemos encontrar com ferramentas como o coaching junto à arte.

Atendi uma coachee que descobriu, nas sessões, seu talento para ser escritora. Recordo-me que fizemos uma sessão com arte, o que a deixou bem reflexiva. Tinha um talento que nunca foi preparado, mas também vocação, de forma que ela poderia "lapidar" aquela "pedra bruta", o que ela fez. Naturalmente, com o passar do tempo, foi possível ver a alegria da realização no brilho dos seus olhos.

A grande magia que nos faz sentir aquele gostinho de "quero mais", de não saber, ao certo, se a segunda-feira é mais interessante que o sábado. Quando estabelecemos essas bases, qualquer meta fica muito mais fácil de ser seguida, assim como metodologias a serem aplicadas e uma boa organização para a realização em si. É por isso que a arte me ajuda muito como coach, pois, muitas vezes, preciso usá-la como ferramenta para ajudar as pessoas a encontrarem essas respostas tão enigmáticas e profundas.

Por fim, é preciso saber distinguir o fundamental e o essencial. Como meu querido Cortella fala, o essencial é o que não pode deixar de acontecer, enquanto que o fundamental, por sua vez, nos leva ao essencial. A vitalidade exuberante, que nos dá uma energia suprema, está ao alcance do essencial a cada um de nós e, por isso, entender a sua essência é fundamental. A vitalidade exuberante não se traduz como uma euforia, mas momentos nos quais sua energia se eleva perante a vida e você entende que vale a pena estar ali. É o conceito mais próximo de felicidade que eu conheço. Felicidade vem do latim *Felix,* que quer dizer "fértil", "frutuoso", fecundo. Nos mapas antigos, Felix Arabia era Terra habitável do Oriente Médio, em oposição às Terras do deserto, já existentes. Por metáfora, o fértil é, também, propício, favorável, e por isso que Felix tornou-se sinônimo de afortunado, alegre e satisfeito.

Uma espécie de essencialista, que busca sua essência nas mínimas coisas, faz pausas e se questiona sobre os caminhos escolhidos, sabe dizer não e enfrenta os obstáculos, ao mesmo tempo em que sabe dizer sim para o que realmente importa, independentemente do que os outros pensam, e sente-se no controle da vida. É o que chamo de um ativista confiável, pois se concentra no que, de fato, importa para sua busca, bem como se compromete com seus propósitos e cumpre com suas obrigações e compromissos.

Gera honra no sentido de ter a capacidade de conferir respeito ao outro e a si, pois não desvia de seu caminho, mas usa de suas habilidades para servir ao mundo. Se pensarmos que respeito vem de *respicere*, que significa "disposição de olhar novamente", o maior respeito que concedemos a nós é sempre estarmos dispostos a ter um segundo olhar de dúvida a cada decisão e caminho a ser seguido, mas também a certeza de que as escolhas sempre serão as melhores, dentro das nossas possibilidades.

No caso do Luís, o que existia além das aparências e que não consegui identificar no primeiro momento, percebi no coaching: eram crenças limitantes, como não sentir-se capaz de assumir um cargo mais alto e uma centralização nas tarefas por acreditar que outra pessoa não as desenvolveria tão bem quanto ele. A partir das crenças, surgiu a dificuldade em delegar e a baixa autoestima nas relações interpessoais. Em uma das sessões de coaching, usei, com ele, uma técnica de desenhar um objeto de ponta-cabeça, que extraí do livro *Desenhando com o lado direito do cérebro*, escrito por Beth Edwards. Quando uma figura se posiciona de cabeça para baixo, desenhá-la ativa o lado criativo do cérebro. Dessa forma, ele passa a dizer que a figura não é um desenho ou uma obra de arte, para as quais os indivíduos, em geral, não se sentem preparados, mas apenas linhas e curvas que podem ser traçadas com facilidade. A pessoa, ao tentar desenhar a figura de forma tradicional, condicionada ao modelo mental que lhe diz não estar habilitada a desenhar rostos ou pernas, não consegue fazê-lo. Quase sempre que aplico esse exercício, me surpreendo, pois resultam dele desenhos magníficos, com traços artísticos maduros e bem expressivos. Com Luís, não foi diferente. A liberdade de ação gera um potencial criativo intenso, e ele entendeu que isso pode se estender a qualquer campo de atuação; naquela sessão, ele estava muito animado.

Na sessão seguinte, Luís estava com outra postura: mais alinhado e arrumado, inclusive o penteado, demonstrou mais confiança e o planejamento das metas fluíram muito bem. Para a felicidade do Jorge, o Luis desejava crescer dentro daquela empresa e queria investir em seu desenvolvimento.

Por alguns meses, ele trabalhou continuamente os pontos que citei. Uma vez que tomamos consciência da existência deles, fica fácil de entendê-los e desenvolvê-los.

Jorge decidiu promover o Luís mesmo antes do término do processo.

A arte tem mesmo um poder de gerar insights imediatos nas pessoas. A exemplo das usadas em terapias, a arteterapia, o uso do coaching não deixa de ser como o uso dela, por assim dizer, usada de uma forma singular.

Na arteterapia, deve-se considerar a natureza das artes e estar atento às propriedades que possam servir ou dificultar os objetivos na terapia. No coaching, ocorre o mesmo processo, porém com foco em metas e em futuro. A arte, quando representada pelo indivíduo, preenche uma função cognitiva que amplia a percepção dele e o faz descobrir generalidades de amplo alcance.

A expressão criativa por meio das artes, seja ela qual for, facilita a comunicação com o inconsciente, tornando a relação da consciência com a inconsciência mais fluida.

É como criasse um espaço gerador de possibilidades de criatividade e expressividade, e o coachee, por sua vez, obtivesse respostas de bloqueios não enxergados por ele, como no caso do Luís, que precisava perceber que tinha o potencial dentro de si, assim como os recursos internos.

O processo criativo, quando ativado de maneira adequada, restaura, resgata, recupera, reorganiza, redireciona e libera o fluxo de energia psíquica, bem como reativa, em cada indivíduo, sua capacidade de ação, decisão, planejamento e engajamento, necessários ao processo de coaching.

Porém, a aplicação da arte no processo de coaching exige um conhecimento transdisciplinar para que seu uso não seja banalizado e infantilizado. A base teórica e a metodologia por detrás são de extrema importância para assegurar um processo profissional e com resultado efetivo. Para tanto, faz-se preciso entender a necessidade do coachee, que técnica será a mais adequada para a solução do problema apresentado, fazer a leitura para compreender se há abertura, por parte do cliente, em experimentar a técnica, e, por fim, a aplicação correta da atividade para que os insights ocorram de forma adequada.

É importante que quem aplique um exercício de arte a conheça em suas técnicas e também ao propósito do uso nas sessões, para que isso não seja banalizado. Se usar, por exemplo, um trabalho com argila, materiais mais duros podem promover mais resistência, e, com isso, determinados complexos poderão ser constatados a partir da relação que se estabelecerá com o uso do material no qual será imposta força. Materiais mais fluidos, por sua vez, ajudam a liberar afetos mais intensos. Isso se aplica à técnica, também, e interfere nos meios de expressão do inconsciente: a pintura com guache, pastel seco ou oleoso, canetinhas ou lápis de cor. O desenho, técnica conhecida desde os tempos das cavernas e, por isso, algo com que o ser humano tem certa intimidade e desenvolve mecanismos e técnicas para torná-la tão eficaz quanto a fala. No uso das outras técnicas, há exigência de um domínio maior do coach para que o exercício proposto seja adequado, e não infantilizado pelo coachee.

Há diferenças nos usos de técnicas de pintura. A técnica do pastel seco ou oleoso, por exemplo, remete ao trabalho com a pessoa para analisar o quanto ela pode ser bruta ou delicada. Como isso ocorre? Quando ela usa esses materiais, pode fazer definições ou sombreamentos de forma mais delicada ou mais expressiva, por exemplo. Assim, ao permitirmos o uso, abrimos um espaço onde há mais possibilidades criativas e expressivas, com experiências que atuam no sistema de crenças da pessoa, ampliam a visão e a fazem ver possibilidades que, antes, não enxergava.

Sendo assim, é importante deixar fluir, ou seja, não colocar pressão, não querer controlar ou ser racional ao ponto de instruir o coachee, para que ele busque, por si, a intuição e criatividade ao sentir o prazer da descoberta em cada tom, traço, mancha, correção ou, até mesmo, linha e espaço vazio.

Vale lembrar que cada técnica leva a objetivos diferentes. A pintura, por exemplo, por ser mais expressiva, possibilita uma relação mais fluida e gera percepção quanto ao imediatismo eminente que muito nos atrapalha, pois não respeitamos a lei do ritmo. Geralmente, queremos resultados imediatos devido à intensa pressa que temos, porque vivemos como se fôssemos máquinas, sempre acelerados. Só que a natureza das coisas tem seu ritmo, de modo que tentar apressá-lo traz desequilíbrio, exatamente como acontece na pintura. Já o desenho necessita de maior grau de concentração, pois os traços pedem autoconfiança e determinação.

Já nos casos da modelagem com argila, massa de modelar, massa caseira, barro, entre outros, há um processo de erguer, sair de uma dimensão; construir algo que sai do papel, que anima, tem vida e se manifesta para além do horizontal, assim como traz uma sensação de integração maior. Interessante que, na argila, moldamos e descontruímos com muita facilidade, e isso nos amplia a visão dos rótulos e padrões que nos colocamos e que nos deixam tão rígidos. Quando estipulamos um rótulo a alguém, seja apenas um, tiramos todas as outras possibilidades dessa pessoa! Nós somos vários papéis que representam partes de um todo. Afinal, não somos apenas nossos papéis!

O que importa não é o resultado da obra de arte em si, mas o que ela pode trazer ao coachee. A qualidade está ligada ao valor da realidade da arte, que não depende da sofisticação ou técnica. Aqui entra a expressividade, desbloqueios de necessidades internas e manifestações de crenças limitantes, originalidade, complexidade, sabedoria e força em um nível de integridade e perfeição por si. Há um acesso ao inconsciente e, quando o próprio coachee analisa seu desenho, ele percebe isso.

Recentemente, finalizei um processo de coaching de uma forma muito bacana. A minha coachee – vou chamar aqui de Luciana – estava, a cada sessão, me surpreendendo mais. Na verdade, ela já sabia o que queria e tínhamos definido toda a estratégia desde a nona sessão. Nas três últimas sessões, me inspirei no livro *A estratégia do oceano azul* e trabalhei a proposta de valor dela. Assim como suas competências e estratégias, estava tudo muito bem encaminhado.

Com tudo pronto, na última sessão, contudo, eu percebi que ela não estava tão conectada com as coisas que tinha escrito. Usei a arte para gerar uma conexão mais profunda. Assim, na última sessão do nosso coaching, usamos a arte em tempo integral.

Pedi para que ela revisitasse sua proposta de valor, ou seja, aquilo que lhe era mais significativo e mais evidente em seu comportamento: sua "marca registrada". Posteriormente, solicitei que fizesse um desenho para representar a proposta. Na sequência, fizemos o mesmo com seu propósito de vida.

Por fim, pedi para que ela fizesse três desenhos: um que representasse o passado, o motivo de ter buscado o processo de coaching; um do estado presente, para fechar o processo de coaching; e um do futuro, de como ela se imaginava depois de ter conquistado as metas planejadas nas sessões. Os desenhos que apareceram, na medida em que fomos interpretando, trouxeram respostas muito mais profundas que muitas das sessões. Foi uma sessão longa, com mais de duas horas, mas encantadora, que fechou o processo de coaching com "chave de ouro".

O processo de coaching busca uma consciência pura. Não uso a arte em todos os meus atendimentos nem em todas as sessões. Isso ocorre quando percebo uma necessidade latente, e em sessões especiais. Não se pode ter uma "receita de bolo" para esse tipo de trabalho, no qual se consegue alcançar a expansão da consciência.

Em outro caso, pedi para outro coachee – que aqui chamarei de Marcos – que fizesse um desenho de sua caricatura e do que via em si como talento. O processo de autoconhecimento em exercícios como esse, artístico, é incrível, pois temos acesso ao inconsciente e a pessoa se revela de forma inusitada.

É fato que a arte é usada para expressão de desejos desde os primórdios da humanidade, assim como de temores e aspirações. Quando nos utilizamos desse recurso para gerarmos autoconhecimento e melhorias no estado emocional, podemos explorar o que eu chamo de abundância criativa, um termo que eu criei. É a soma da fé à criatividade, o que nos dá a eterna sensação de que, para todo problema, há uma solução, de modo que, mais que estejamos em uma situação-limite, ou com um grande problema, sabemos que tudo se resolverá, bastará que acessemos a abundância criativa, ou seja, a capacidade criativa para solucionar problemas, criar novas situações e ter novas realidades. Nesse caso, não existe o impossível. O que existe é a escolha de não fazer, inclusive, também existe a consideração da desistência como uma escolha por algo ter deixado de fazer sentido.

A arte me ensinou a decidir com desapego. Por exemplo: muitas vezes, para escolher uma cor forte, precisei me desapegar de toda a contextualização harmônica e suave que já havia construído. Uma escolha, eu queria gerar maior expressividade e, para isso, o caminho era mudar radicalmente as telas. Na vida, é diferente? Às vezes, por apego, não seguimos em frente, não avançamos, porque, enquanto não abrimos um espaço para o novo, ele não vem.

No processo de coaching, o planejamento é uma forma de direcionar, mas pode ser que no caminho ocorram resultados até melhores do que planejamos e, dessa forma, não podemos nos prender nem mesmo ao nosso planejamento.

Planejei minha carreira para fazer Arquitetura, mas, por vários motivos, meu caminho foi diferente e hoje estou muito feliz com minha profissão. Às vezes, também, quando planejamos, não temos a consciência e percepção adequadas do futuro. Portanto, planejar é bom, mas praticar o desapego e mudar, quando necessário, é ainda mais importante.

A arte me trouxe reflexões: não há um caminho apenas para o sucesso. A busca pelo sucesso sempre foi e sempre será algo subjetivo, porque o sucesso, para mim, não necessariamente o seria para você, do ponto de vista conceitual. Alguns procuram status, poder, enquanto que outros precisam apenas de liberdade. O sucesso depende muito mais de eu entender o meu mote, o que me conduz na minha estrada da vida, e de eu enfrentar as rupturas que devo para alcançar meu propósito.

Um cuidado a ser tomado, quando traçamos as metas, inclusive, é ter esse mote, pois sempre teremos metas, uma após outra.

Quando eu voltei da Austrália, por exemplo, não preciso dizer que a minha euforia foi enorme pela sensação incrível de realização. Afinal, passei anos e anos juntando grana, estudando e me esforçando. Só que passei por uma coisa estranha, por um vazio enorme, indescritível depois que passou a "grande onda". Como uma pergunta no ar: e agora? O que eu faço?

Consegui um objetivo de uma grandeza extrema, mas que não tinha um fio condutor maior que me direcionasse a mais metas. Apenas um objetivo. Tudo bem que há possibilidade de pôr outro no lugar, mas a falta de mote pode deixar as coisas sem sentido. Justamente por sua falta, a partir daquele momento que percebi que a vida precisava ter um sentido maior.

Foi a partir dessa época que resolvi buscar respostas essenciais à minha vida. Mudei até o rumo da minha carreira, pois eu trabalhava com algo que não tinha nada a ver comigo: era analista de sinistros em uma seguradora. Assim, precisei fazer uma mudança maior e direcionar, de fato, a minha vida.

São esses momentos de transformação que nos fazem ser quem somos. Neles que percebemos a estagnação como uma falsa sensação de segurança. Quando alinhamos nossa vocação com nosso talento, tudo se ajeita! Participei de um recrutamento interno na empresa para a qual pretendia trabalhar, a fim de conseguir uma vaga em Recursos Humanos. Disputei a vaga com 87 pessoas e a consegui.

Alguns meses atrás, enquanto voltava de um treinamento ministrado no Rio de Janeiro, antes de pegar o avião consultei minha rede social e me deparei com um depoimento espontâneo de um coachee meu, dizendo o quanto eu o ajudei em seu processo de transformação e, meses depois, ouvi de uma coachee outro relato, também muito emocionante. Hoje só posso agradecer porque, um dia, eu mesma decidi passar por esse processo.

Por isso, um dia, espontaneamente, eu também deixei um depoimento e acho que vale deixá-lo aqui para dividir o sentimento maravilhoso que temos ao encontrarmos sentido no que fazemos em nosso trabalho, um mote que nos conduz em todos os aspectos da vida, aliás.

Capítulo 8

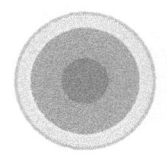

Gratidão

Ontem à noite terminei meu expediente com um atendimento de coaching. Era para ser um atendimento normal, ainda mais depois de um dia cheio, afinal, dei treinamento na parte da manhã e fiz reunião na editora na parte da tarde. Contudo, teve algo a mais que não imaginava que aconteceria.

Ao fim da sessão, quando já havíamos fechado o relatório das tarefas, minha coachee me fez uma declaração espontânea, dessas que pegam a gente de surpresa, bem no fundo da nossa alma. Com suas palavras, me disse o quanto eu a ajudei em seu processo de transformação e o quanto isso significa em sua vida. Também que não tinha sido uma construção de modo racional, mas por meio de histórias, exemplos e situações que fizeram com que ela aumentasse sua percepção e consciência.

Naquele momento, pensei na palavra gratidão. Gratidão por ter escolhido um trabalho que me proporcionou receber tamanha recompensa. GRATIDÃO é tudo o que tenho a dizer hoje!

Nestes processos, a intuição ajuda muito. Como naquele velho dilema de quem nasceu primeiro, o ovo ou a galinha, digo que a arte desenvolve o lado intuitivo, mas o lado intuitivo ajuda bastante a arte. Confuso? Não, apenas intuitivo, bem como o próximo capítulo.

Capítulo 9

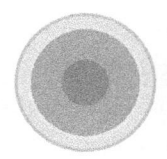

A arte e a intuição

O que é a intuição e como ela surge?
Certa vez, dois irmãos, Nhanderuvuçu, o mais velho, e Nhanderykei, o mais novo, andavam em uma trilha com o objetivo de encontrar o pajé para adquirirem o poder da magia, precisamente poder para voar e transformar.

– Pajé, como é encontrar a grande magia do Universo?

– Muito simples! Vocês devem ir até o outro lado da floresta e subir no alto da montanha, onde estará um gavião. Arranquem uma pena dele e me tragam. O mais importante: mantenham-se unidos por todo o trajeto. Não se esqueçam disso!

Pareceu-lhes uma missão fácil e, assim, seguiram pela trilha até que o irmão mais novo, que se achava muito esperto, visualizou à frente uma encruzilhada. Naquela bifurcação, era possível para ele ver que em um dos caminhos havia uma onça e no outro um papagaio. Logo, o irmão mais novo se antecipou e disse ao mais velho:

– Acho estratégico separar. Assim, quem chegar primeiro ao outro lado da floresta, poderá pegar a pena do gavião ainda durante o dia e aguardar o outro chegar.

Sem ao menos dar tempo para o irmão mais velho questionar a orientação do pajé referente a andarem juntos, o irmão mais novo determinou por onde cada um deveria seguir, e, claro, sugeriu que o irmão mais velho fosse pelo caminho da onça.

O irmão mais velho, sempre muito tranquilo e conciliador, fez o que o irmão mais novo sugeriu e foi pelo caminho da onça. Ao se deparar com a fera, a princípio um arrepio envolveu sua alma, o que deixou seus pelos arrepiados e os olhos arregalados pelo medo. Contudo, decidiu enfrentar seu desafio: encarou a onça, e, com um impulso, deu um passo à frente. A onça, com olhar selvagem, parou e o encarou. Naquele momento, como dono de si, sentiu que poderia dominar qualquer medo. Então, seu corpo se alinhou e ele passou a encarar com maior assertividade o animal que, naquele momento, se sentou.

Ele já sabia do fato de que a onça só o atacaria se ele demonstrasse medo ou representasse um perigo para ela. Ao perceber isso, ele mentalizou a passagem e, ao dar passos em sua direção, para sua surpresa, a onça virou o dorso para ele. Sem pestanejar, ele sentou sobre a onça e de forma veloz chegou ao outro lado da floresta. Como combinado, foi até o topo da montanha e pegou a pena do gavião. Em seguida, se sentou à espera do irmão mais novo.

Contudo, as horas passaram, o dia deu espaço à noite e seu irmão não chegou. Diante dos perigos noturnos da floresta, não pôde mais esperar seu irmão. Com o coração partido, foi em direção ao pajé.

O irmão mais novo, por sua vez, quando percorreu o caminho, passou pelo papagaio, que pousou no ombro de Nhanderykei e começou a instruí-lo. O problema foi que o papagaio só sabia repetir "É por aqui! É por aqui!" e, sem que Nhanderykei pudesse perceber, andava em círculos.

**

Ouvi do meu amigo, Kaká Werá, essa história de origem Tupi-Guarani. Os índios falam que, quando o ser humano nasce, dois seres passam a habitá-lo: o irmão maior (Nhanderuvuçu) e o irmão menor (Nhanderykei). O menor tem tendência a conduzir à paralisia, à rigidez excessiva e ao medo. O maior tem tendência a conduzir às mudanças, ao novo rumo e à flexibilidade. Só eu posso escolher aquele que me comandará, porém, como o pajé disse, as duas coisas devem andar juntas, pois essa capacidade de transcender se desenvolve por meio da intuição e essa se manifesta por meio do corpo físico, que pode ser representado pelo irmão menor.

Quem nunca buscou ser 100% racional em busca de decisões consideradas mais certas e "quebrou a cara"? A maioria já passou por isso, não é mesmo? Esquecer ou não acreditar na intuição pode ser bem perigoso, pois as decisões não são 100% racionais. Acreditar que existe 100% de racionalidade é um engano. Assim, às vezes não acessamos a nossa grande biblioteca interna de informações e direções, a intuição, porque, simplesmente, não acreditamos em seu potencial.

Por esse motivo que a sensação de não atingir sonhos ou de não estar na direção correta assombra tanta gente. Assim sendo, estimulo você para que acesse sua intuição e gere uma conexão com seu irmão maior: isso vai lhe dar mais abertura e flexibilidade às mudanças tão necessárias em sua vida. A arte? Ela vai lhe ajudar exponencialmente nesse processo e não é tão difícil experimentá-la.

A intuição transcende instintos que são extremamente necessários para nossa sobrevivência, mas que não devem lhe dominar de forma alguma. O medo, um instinto básico, pode ser dominado com a ajuda da intuição, por exemplo. O medo gera a ilusão de que podemos controlar o mundo. A exemplo disso, se tiver medo de me machucar, posso tentar controlar todas as possibilidades de me machucar e, inevitavelmente, me machucar! Isso ocorreu comigo ao andar de patins. Mesmo toda equipada – equipamento completo, incluindo a proteção dos punhos, joelhos, cotovelos e um capacete – o medo me fez tentar controlar a queda, o que me levou a cair de mau jeito e a quebrar meu cotovelo; se eu simplesmente me deixasse cair, provavelmente não teria me machucado! Ou seja, o medo de me machucar gerou tal realidade.

Por que a intuição transcende? A intuição é uma ligação profunda com a fé, com o sentimento de que vai dar certo. O medo, seu antagonista, nos trava e nos faz criar a realidade que mais tememos. A intuição também está conectada com a criatividade, como dizia minha amiga Dulce Magalhães, porque quando acessamos a grande biblioteca interna, o sentimento é que para todo problema existe uma solução e que temos a solução em nosso potencial interno. Gera uma visão de abundância, de que não vai faltar nada, diferentemente da carência, outro instinto básico que move a paralização e o apego, como se nada fosse capaz de mudar ou que não pudéssemos abrir mão de nada. Por fim, há o instinto da raiva o qual, quando usamos a intuição, se ameniza diante do amor, pois, quando há intuição, as atitudes são de amor puro, de modo que não existe espaço para a raiva e passamos a ser mais donos das ações. Afinal, quem age pela raiva é reagente ao mundo.

A exemplo do caminho intuitivo abundante, no qual há soluções para todos os problemas e que conforta como uma busca sem fim a uma sabedoria interior, vou contar uma história.

Uma amiga de infância, a Gisele, com apenas 37 anos teve um diagnóstico de câncer de mama com metástase óssea estágio quatro – o mais avançado e sem reversão. Chorou de tristeza ao receber esse diagnóstico cruel, que lhe impôs como prognóstico um ano de vida. Sentia muitas dores em seu corpo, tão fortes que ficar em pé era um martírio, e coisas simples, como vestir a própria calça, eram impossíveis sem ajuda de alguém. Passou, então, a depender de todos para desempenhar suas tarefas cotidianas e a usar uma cadeira de rodas. Em uma das visitas de rotina ao médico que tratava a coluna de Gisele, ela perguntou a ele se voltaria a andar. A resposta dele foi taxativa: não!

O mais comum diante de uma notícia como essa seria se deixar abater. Contudo, ainda que o horizonte se mostrasse obscuro, ela não deu ouvidos à notícia ruim que acabara de receber. Simplesmente, pensou e acreditou que aquela não seria sua realidade, certa de que os médicos a veriam andar novamente. Isso é dominar o instinto do medo e dar abertura a um canal intuitivo que lhe traz confiança e fé, de modo que, inevitavelmente você cria outra realidade.

Perguntei para ela como foi lidar contra o "veredito" médico. Sua resposta foi que não deveria dar bola para as estatísticas e que não importava o seu tempo de vida, mas sim a qualidade de vida. Portanto, voltaria a andar e a ser independente.

Usava um colete que sustentava sua coluna para evitar o desabamento dela, tamanha a fragilidade de suas vértebras. Como uma manifestação do irmão mais velho, com sua fé e perseverança fez tratamento quimioterápico paliativo juntamente com complementares e substituiu a cadeira de rodas pelo andador, de modo que, em apenas cinco meses, voltou a andar. No início, andava bastante torta, mas, com a ajuda do tratamento complementar e do Pilates, recobrou um caminhar quase perfeito. Após um ano e meio, não apenas andava, mas dançava e pedalava! Sim, até pedalava!

Pouco tempo atrás, recebi uma notícia dela: em estado delicado, operaria o rim de maneira emergencial e invasiva. Fiquei bem preocupada e, após uma semana de sua saída do hospital, consegui falar com ela e me surpreendi:

– Gi, vou até Americana para te visitar, na semana que vem! Qual dia será melhor para você?

– Fê, vou amar! Precisarei conciliar sua visita e meu trabalho, mas o farei tranquilamente!

Gisele falou de voltar a trabalhar na semana seguinte!

O que mais ouvia dela é que o tempo é precioso demais para ser perdido com picuinhas ou com coisas que fazem mal para ela, e que, graças a essa compreensão, ela aprendeu a dar ouvidos à sua intuição, às suas necessidades interiores e a si. Ela faleceu cedo, mas sempre foi um grande exemplo de viver uma vida com plenitude e entrega.

A força interior é a fé suprema que faz ir além, a típica manifestação da metáfora do irmão mais velho. Abre um canal intuitivo, espiritualizado, leva à transcendência e se manifesta por meio do irmão mais novo, que está em suas limitações e possibilidades do dia a dia. Acredite: deixa a nossa vida muito mais leve e gostosa!

Deixe ocorrer, portanto, o grande encontro do eu com o eu superior, depois o encontro com a vida e com a arte de transcender! A arte ajuda as pessoas a terem esse encontro de forma mais natural, com a experiência de vida, porque a arte, em sua meditação, permite contato com essa capacidade intuitiva que todos temos.

Certa vez me falaram que a intuição é mística, fato pelo qual não pode ser explicada cientificamente. Aqui, nesse livro, trago um experimento e algumas pesquisas, mas comprovar cientificamente parece muito difícil. No entanto, é uma forma de os céticos perceberem que ela realmente existe, que não é crendice. Eu a vivencio muito, pois o meu contato com a arte, desde a minha época de criança, me trouxe um exercício em que faço uso da intuição, algo que geralmente aparece em situações simples, mas, por vezes, também em situações complexas.

Lembro-me de que, quando ainda era solteira, eu sonhava ter minha independência. Nessa época, eu ainda morava na casa da minha mãe.

Em férias, fui viajar com alguns amigos para Florianópolis. Lembro-me de que fomos no mês de março, época em que cai a temporada e os preços são mais atrativos. Na praia, um vendedor de redes passou e me chamou a atenção por vender uma linda rede azul. Então, meu eu maior, meu irmão mais velho, se manifestou: o meu sonho de ter minha casa, meu próprio espaço, o que me fez comprar a rede azul, lindíssima e por um preço barato. Quando cheguei a minha casa, minha mãe se espantou, visto que em nossa casa não cabia uma rede.

– Você está louca, Fernanda?

– A rede é para eu colocar em minha casa, mãe! Vou guardá-la e logo você verá que ela estará onde deve!

A Dona Terezinha riu e, como muitos, julgou minha compra como um mero impulso consumista, mas eu sabia que não se tratava disso, pois acreditava que colocaria a rede em minha casa.

Casar, em minha cabeça e na realidade em que eu vivia na época, era algo absurdamente longe, porque havia finalizado um relacionamento longo e curtia a vida de solteira sem qualquer pretendente por perto.

Além disso, meu emprego não me conferia independência financeira. Assim, sem dinheiro, não havia a possibilidade de eu morar sozinha. Com amigos, por exemplo, nunca tive vontade.

Quando voltei de viagem, guardei a rede no armário e me esqueci da história. Quando me casei, a minha casa? Claro que tem a rede azul na varanda!

A energia que se manifestou pelo meu irmão mais novo no ato de comprar a rede, se materializou naquela intuição advinda do irmão mais velho!

O que quero dizer com essas histórias? Quero dizer que a intuição pode nos fazer ir além, gerar criatividade, fé suprema, autodesenvolvimento pelo conhecimento profundo de si.

Tanto que nem sabia ao certo como atingir o sonho de ter a minha casa, mas me manifestava para torná-lo realidade por meio de minha intuição. Quantas vezes as pessoas desistem do sonho porque, ao pensarem sobre ele, não enxergam nenhum caminho para que ele se realize? Pois é! A intuição me mostrou que os caminhos estão à nossa frente, só que invisíveis diante do nível de consciência que temos em determinado momento. Se você confia, torna-se bem mais fácil deixar que as coisas fluam.

Isso serve para quando queremos mudar um trajeto de vida: quando de uma intuição desperta uma vontade, há uma força de realização tremenda! Vale dizer que se trata da vontade consciente e consistente, de natureza diferente do desejo, visto que ele tem seus ápices e logo passa. Acredito que a realidade das coisas é vista em rastros da vontade divina e humana, a vontade que mobiliza e que está alicerçada na confiança interna que a intuição dá a ela.

Afinal, onde há uma vontade, há um caminho! A natureza traz à tona poderes internos no meio do caminho, poderes mágicos!

Nossas forças internas aparecem e se fortalecem a cada passo do caminho nobre, voltado para o futuro.

Quem nunca fez planejamentos no campo dos projetos e se deu conta do terreno do ser? Nesse momento que percebo que, quando você se atém ao campo do ser, você muda a sua realidade, pois existe uma ligação direta com seus sonhos e idealizações de vida.

Nessa hora, imagino que você, leitor, esteja se questionando sobre como pode ser tão simples. Acredite que é simples e você pode ter prosperidade acessando a sua intuição.

Isso posso dizer com propriedade por meio de uma das histórias mais marcantes de minha vida! A intuição mostra onde estão essas vontades puras ligadas a sonhos que, muitas vezes, nem ao menos acessamos!

Capítulo 10

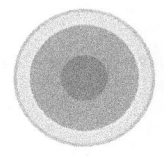

A força da intuição

Com os olhos semicerrados, um sorriso a despontar e corpo que desejava continuar a dormir, abraçado à cama quente e aconchegante que o seduzia, despertei. Mesmo diante do relógio marcando 5h, eu estava com uma disposição inexplicável. Levantei-me e caminhei até o banheiro, rumo a um banho, e pude perceber, ainda no escuro da madrugada, que o dia prometia ser belo.

Meu treinamento começaria às 8h e terminaria às 20h, de acordo com a previsão. Por um momento, pestanejei, me questionei se deveria mesmo ir. Contudo, a importância da formação para minha carreira me fez decidir a seguir em frente.

Logo após o almoço, em um exercício de metas e rota da vida, o facilitador, Bruno Juliani, pediu um voluntário, algo natural nesse tipo de formação.

– Quem tem uma meta que nunca tentou realizar por achá-la impossível?

Sem entender, de forma intuitiva, levantei a mão junto com minha colega de sala, a Sheila. Ao me perguntarem qual é a minha meta inatingível, eu respondi de forma inusitada e espontânea.

– Quero ter o segundo filho!

Para muitos, parece simples alguém desejar um segundo filho. O que me surpreendeu naquele momento foi que, por anos, quando as pessoas me perguntavam se queria mais um filho, eu sempre respondia, sem pestanejar, que não, pois meu trabalho exige muitas viagens, aulas à noite ou aos sábados, além de formações e eventos aos finais de semana. Fatos pelos quais, de forma racional, pesando prós e contras, estava decidido não ter mais filhos. O que não era verdade, pois as decisões não podem ser só racionais.

Impossível! Claro que não! Tudo já estava esquematizado, perfeito: uma escola para pagar, idas espaçadas ao pediatra e uma criança que já comia e ia ao banheiro sozinha!

A pequena casa de três quartos possuía um reservado para ser escritório e eu ainda pagava os móveis planejados. Deveria estar ficando louca, mesmo!

Naquele instante, o Bruno deixou a turma decidir entre Sheila e eu para que ele pudesse fazer o exercício de forma didática com a turma.

A turma ponderou por alguns momentos sobre qual meta era a mais interessante e escolheu a minha.

– Qual a dificuldade para você ter um segundo filho?

– Eu viajo muito a trabalho, além de dar aulas à noite e aos sábados. Penso que um filho pequeno, nesse momento, seria complicado.

– Você disse que quer ter o segundo filho, mas não vê como, é isso?

– Algo me impulsionou a levantar a mão. Creio que foi uma intuição, um desejo camuflado. Confesso que até eu estou surpresa!

Quando o exercício iniciou, fiquei no centro da roda com o Bruno e ele começou a usar a metodologia de metas de forma racional para entrar em contato com minhas crenças limitantes. O desenvolver do exercício mostrou que a decisão racional de não ter mais filhos parecia a melhor alternativa, ainda que fosse possível ter o segundo filho.

Na segunda fase do exercício, tive que entrar em uma linha imaginária onde projetaria o futuro e, em uma espécie de roadmap, construiria o planejamento do futuro até o presente. Só que nessa fase, com os olhos fechados, submetida ao silêncio interno e ao campo da imaginação, o campo intuitivo se expandiu! (Se você, leitor, quiser experimentar esse exercício, precisará de alguém para lhe conduzir e, para isso, deverá traçar uma linha imaginária onde você projete um futuro e o imagine retrocedendo até o presente). Cada passo para trás aumenta a proximidade com o momento atual e, em sua imaginação, você deve descrever como imagina o futuro.

Imaginei um nenê em meu colo, minha filha feliz, querendo ver a carinha do irmão e todos nós curtindo cada momento. Pude me imaginar na maternidade, com muitas visitas, e preenchi uma lacuna que nem sequer tinha noção de que existia. Senti que o nenê fazia parte de mim apesar de eu não poder vê-lo em meu campo de percepção.

Meus olhos, marejados, permaneceram fechados e, naquele momento, percebi que ter mais um filho era parte essencial da minha vida e não me preocupar tanto com o processo; o campo intuitivo me tomou de forma que eu passei a não mais acreditar nas análises racionais que foram efetuadas.

Com os olhos marejados, continuei o exercício, que parecia cada vez mais óbvio. Como não havia percebido isso antes? Um caminho tão simples!

– Pode abrir os olhos – disse Bruno.

Abri meus olhos e reparei que meu delineador borrara meu rosto e todos ao meu redor choravam. Houve uma emoção contagiante naquele ambiente incrível e inesquecível!

Ao finalizar o exercício, estruturei os passos de forma organizada, sabendo que depois daria continuidade com sessões de coaching.

Cheguei à minha casa e logo falei sobre o ocorrido. Em meio à minha emoção pelo dia intenso, a cada palavra eu me mostrava mais convicta quanto ao meu desejo de ter mais um filho.

A possibilidade exigiu planejamento e um processo completo de coaching que fiz com a minha parceira Úrsula Barboza. O Nicolas hoje é parte essencial na nossa família e agradeço muito a minha intuição.

A intuição pode acontecer quando fluem as coisas. Nesse caso, a decisão de ter o segundo filho, quando analisada de modo racional, parecia impossível.

Uma voz interior emergiu naquele momento de reflexão sem que eu soubesse ao certo do que se tratava, sem algum argumento racional ou linear. Se eu apenas lidasse com meu racional, poderia, em algum momento, me arrepender ou me frustrar por não ter dois filhos. Ou, talvez, camuflar a vontade e sentir um vazio inexplicável. Isso pode ocorrer em outras decisões.

É nesse sentido que a intuição pode ajudar nas tomadas de decisão: sendo uma conexão com o eu superior, confere enorme força de realização. Assim, a intuição ajuda quando, de fato, as pessoas estão conectadas com ela. Acha estranho isso? Não. Na verdade, para entender é preciso entrar em contato profundo com o aspecto intuitivo, e não com as armadilhas dos desejos, que nos confundem e levam a acharmos que estamos sendo intuitivos.

Vamos entender melhor a intuição?

Capítulo 11

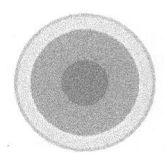

A essência da intuição

Na tradição indiana, existe uma história na qual um guerreiro sábio e de estirpe, homem muito bom e justo, que já havia vencido uma grande guerra, estava pronto para enveredar pelo caminho do céu de Hyndra.

Disseram para ele que procurasse o portal do céu de Hyndra, onde seria o grande paraíso para ele viver. Ele o fez. Passou anos procurando o lugar, até que encontrou um cachorro muito magro e sujo. Resolveu ficar com o cachorro e continuar sua busca. O cachorro, que passou fome e frio com ele, tornou-se seu fiel companheiro.

Um dia, finalmente, ele encontrou o tão procurado portal. Um anjo, parado à porta, o conduziu para dentro e ele seguiu todo emocionado, até que foi barrado.

– Estamos muito felizes com a sua chegada e o deus Hyndra lhe espera. Porém, não poderá entrar com este cachorro; será um desrespeito ao nosso Deus.

O guerreiro, então, olhou para aquele lindo lugar e para seu cachorrinho e resolveu abrir mão de Hyndra para ficar com seu cachorrinho.

– Se meu cachorro não pode entrar, eu também não poderei!

No momento em que apresentou sua resolução, o cachorro se transformou no deus Hyndra!

Portanto, se ele tivesse deixado para trás aquele cachorro, não teria virtude necessária para entrar naquele céu, não estaria devidamente preparado. Se tivesse aberto mão da lealdade, da gratidão, do companheirismo, da fidelidade, da justiça, da fraternidade e da compaixão por um desejo, seria um sinal de que desejava algo mais do que a virtude, e, dessa forma, não estaria preparado para obtê-lo.

Quantas escolhas nos levam a pensarmos no que realmente importa? Será que vale a pena buscar o céu de Hyndra a qualquer preço, inclusive "passar por cima" do que mais acreditamos que vale na vida, ou desperdiçando talentos e vocações em buscas sem grandes profundidades?

Digo, como educadora, que não adianta sermos, se não soubermos quem somos! De que me adianta ter talentos, sonhos e vocações se não os utilizar em minha vida? Uma vida perdida é aquela na qual não se percebe o motivo de viver! Certamente não é o que as pessoas procuram em sua essência, não é mesmo?

O homem tem uma essência imortal e uma aparência transitória. Do centro, da identidade, irradia uma intuição: intuímos que há algo a mais. Por isso que sempre digo: não se torne estranho para você; viemos ao mundo para conhecermos e dominarmos nossa essência. Tenho certeza de que a porta do céu de Hyndra se abrirá para você quando estiver verdadeiramente alinhado com seus propósitos. Se ainda não se abriu, provavelmente falta algo mais profundo em sua busca.

Educar é abrir as grades da cela da alma prisioneira, romper barreiras que impedem de ter uma vida interior, de autoconhecimento; trazer à tona o real. Afinal, inteligência vem do latim *intellegere*, que significa ler dentro das palavras, dos fatos, ou seja, você escolhe dentro de tudo o que há, pelo clamor de sua essência.

Caso você mantenha suas portas e janelas fechadas, quando as abrir, notará que os raios de sol lhe atingirão. A sua distância com o sol permanecerá a mesma, mas haverá contato. A mesma coisa ocorre quando temos contato com a nossa intuição e com nossas vontades.

Só o fato de eu dizer que quero já ilumina a minha vida, pois me conecto com minha vontade! Esse é o primeiro passo dado. À medida que caminho em direção ao sol, mais me ilumino!

Isso o faz dono do seu destino, o protagonista. Melhor ainda: lhe dá poder de realizar o que realmente é importante para você. O contato com a intuição é primordial também nesse processo.

Fui entender melhor a intuição quando me deparei com o trabalho de Bergson, grande filósofo francês. Bergson faz conexão da intuição com o instinto, que é moldado sobre a própria forma de vida. A consciência adormecida que, ao despertar, se interioriza em nosso conhecimento e nos faz desvendar os segredos da vida damos o nome de intuição. Muitos a entendem como uma sabedoria interior, uma busca interior chamada de simpatia divinatória, uma chave das operações vitais que ele chama de instinto, já que, de certa forma, está interiorizado. Mas eu associo instinto de forma diferente.

Lembro-me que fiz uma viagem pelas praias desertas da Bahia, nas quais, com mochilas repletas de comidas, bebidas, panelas, roupas, barracas e outros equipamentos, andei 80 quilômetros ao total, uma média de 20 quilômetros por dia. Era uma paisagem linda e um desafio que eu adoro. Com certo grau de dificuldade, apesar de treinada e acostumada com trilhas, passei mal em um dos dias. Lembro-me também de que teve um dia no qual nossa bebida acabou e eu estava com muita sede. Depois de muito andar, avistei uma barraca de bebida e senti uma felicidade sem fim! Era como um oásis!

– Moço, pode me vender água, por favor?
– Acabou!
– Suco? Refrigerante? Eu quero qualquer coisa!
– Acabou tudo!
– Tudo?!
– Só tem cerveja!
– Quero a cerveja!
– Só que "tá" quente!

Bebi como se fosse a água mais gostosa, quero dizer, a cerveja mais gelada e gostosa do mundo! O instinto me remeteu à sobrevivência.

Bergson liga a intuição com o instinto em razão de que, em um momento como esse, no qual passei por bastante sede, tive um contato mais profundo comigo. Afinal, me entendo com as piores fraquezas e as maiores forças de sobrevivência!

Aceitar a intuição exige treino, o que ocorreu comigo quando manifestei a vontade de ter o segundo filho. Ficamos melhores naquilo que repetimos com maior frequência. Assim, a intuição pode se intensificar à medida que recebemos o insight.

A arte tem um papel muito importante neste processo, já que com ela posso desenvolver, a cada dia, esse lado mais intuitivo e uma acuidade perceptiva incrível.

Muitos me perguntam: qual o sentido da vida? Digo que, se você sabe responder a outra pergunta, talvez fique mais fácil de entender. Qual o recado que você precisa ao mundo? Já pensou nisso? A alma deve se expressar para dar sentido à nossa vida, e a intuição, por sua vez, é um caminho de acesso ao autoconhecimento e ao conhecimento do mundo para a "Anima Mundi" ou "Alma do Mundo". Afinal, ninguém pode tirar aquilo que sou. É um estado de liberdade e segurança incrível!

Capítulo 12

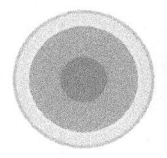

O caminho da intuição

À medida que minha sensibilidade aumenta, eu capto informações não verbais por meio dos cinco sentidos e de ínfimas variações na expansão, contração e movimento do corpo. É uma espécie de sensibilidade consciente por meio da qual percebo estímulos sutis e informações não verbais de fontes físicas ou não e posso discernir o sentido enquanto ele se processa. Ou seja, leio expressões não verbais em mim e em outras pessoas. O corpo fala em uma circunstância como essa, e só o fato de não sentir medo, quando senti-lo seria o natural, me mostra que não preciso me preocupar.

Isso quer dizer que você deva se arriscar? Claro que não! Se você conseguir praticar a intuição e ela lhe levar a transcender o medo, certamente você fará mais coisas em sua vida, terá mais experiências e a tornará mais rica e profunda!

Aprecio muito as obras de Kandinsky. Ele, que além de pintor era escritor, deixou registrado que a sensibilidade leva a entender esses sinais da intuição e que nossas necessidades interiores, até mesmo as divinas, podem ser praticadas por meio da arte, algo que concordo. Percebo isso quando desenho minhas mandalas: fico tão concentrada nelas que se abre um canal intuitivo muito interessante. É comum, nesses momentos, que eu obtenha respostas para problemas, respostas que não conseguia encontrar antes. Kandinsky dizia que é um exercício espiritual, pois, por meio da arte pratico uma meditação ativa, colocando meu talento à disposição e por meio do belo, o que não uma questão estética em si, mas de contato interno, de necessidades individuais. Afinal, as mandalas que produzo não são belas para todos, mas, como manifestações minhas, são belas para mim, por estarem conectadas ao meu melhor. Não é um fruto da moral exterior ou da moral interior, mas de tudo aquilo que apura e enriquece a alma; uma criação enigmática e mística que se desprende do artista, adquire vida autônoma, se torna uma personalidade, um animado sopro espiritual dotado de poderes ativos cuja força criadora não se esgota, mas vive e age na atmosfera espiritual. Essa posição vai ao encontro do que o autor Torralba apresenta como a transcendência da alma, ligada à inteligência espiritual, que permite ao ser humano mover-se rumo ao desconhecido.

Há um treino de olhar a estética, quando nos deparamos com a arte. É como olhar por meio da alma, uma experiência de mergulho profundo em si, ainda que use a arte apenas na contemplação, o que ocorreu comigo perante o quadro do Van Gogh. O exercício permite que a intuição se manifeste. O incrível é que isso dá liberdade de ir mais longe, de expandir as visões de mundo, já que a intuição, não linear, funciona como um enigma com o qual a gente aprende a lidar e que tanto ajuda a resolver os mistérios de nossa vida!

Quando iniciei esse livro, senti que não deveria ser um livro com termos técnicos. Dessa forma, busquei inspirações em outros livros. Para entender minha intuição, segue uma história.

Passei meses escrevendo a saga de Sophia, a minha protagonista. Pensei no roteiro, na sua aventura com a arte, e, ao trocar ideias com outras pessoas, pareceu ser mesmo o caminho para esse livro.

No entanto, um sentimento contraditório me incomodava, pois havia pensado por dois anos que escreveria *O Efeito Melão* e ele não parecia ser um livro de ficção. Escrevi por três meses, produzi bastante material, mas ainda faltava algo, pois não tinha um argumento lógico sequer entendia o meu sentimento, mas sabia que havia no material uma intuição querendo se manifestar. Fiquei angustiada por duas semanas, permiti o silêncio, acessei a arte e me aquietei. Depois de uma boa noite de sono, acordei e percebi que eram sim argumentos lógicos, mas em formato de histórias que me permitiriam compartilhar meus estudos e vivências. Lembrei-me, inclusive, de uma conversa que tive com o Prof. Cortella sobre escrever como se fala.

– Prof. Cortella, você parece escrever com muita facilidade. Qual é o seu segredo?

– Eu gravo a minha fala e depois a escrevo! Isso porque tenho mais facilidade para falar, então minha escrita precisa ser como minha fala.

A resposta "caiu como uma luva": decidi que o meu livro seria como as minhas palestras, nas quais eu conto histórias e retiro meus conceitos de cada uma. O processo foi intuitivo!

Isso mostra que, às vezes, as coisas não acontecem de forma linear e tampouco os esforços são em vão. O caminho que, a princípio, foi errado e que demandou grande energia e esforço é o mesmo caminho do aprendizado e da busca constante. Só procurando que se acha o que realmente se quer. Se você está esperando uma ideia certeira, que de primeira lhe levará ao sucesso, não direi que é impossível, mas certamente será mais fácil ficar aguardando sentado!

Encontramos o caminho correto quando experimentamos ou sabemos da existência do que não queremos. Isso se manifesta em nós como infelicidade, tédio e inquietação, falta de prazer. Por isso que aconselho as pessoas a pensarem diferente, a pensarem que, se o caminho se deu por uma trilha diferente, isso não significa novo processo trabalhoso, mas uma experiência que envolve encontrar a essência das coisas, da sua verdadeira natureza, o que exige tempo e dedicação, além de, às vezes, seguir por um caminho não linear.

Nesse contexto que entra o conceito de profissionalismo: estar entregue à sua obra por tempo integral e não se importar se o caminho estiver cheio de curvas, se tiveram retrabalhos, mas com o fato de que você está jogando para valer e por isso está colocando a sua vocação à prova, como um ideal.

Acho interessante ler Kandinsky, pois, em sua visão, a obra de arte tem caráter cósmico, como se o criador da obra fosse o espírito, ela já existisse antes de sua materialização e os meios de manifestação dela no campo terreno proviessem da intuição junto com a lógica do artista. Faz sentido se pensarmos o artista como um canalizador para que a obra se manifeste.

Isso serve para qualquer "obra de arte", qualquer produção ou legado. Por isso, assim como no processo de escrever o livro, interpretar de forma errada a intuição é seguir de forma não linear, retroagindo alguns processos para um avanço mais eficaz.

A intuição depende de como se encara a vida, especialmente do olhar perante os incidentes. Devido ao estresse e cansaço, esse canal pode não se abrir. Na verdade, eu sempre digo que o que me afeta não são os meus problemas, mas como eu os encaro.

Isso reafirma que a questão é o modo de encarar o problema. Então, vale se questionar: você está pensando em soluções ou aumentando seus problemas?

A primeira alternativa o conecta com a intuição, enquanto que a segunda o bloqueia!

Às vezes, encarar que o melhor a fazer é não fazer nada precipitado é um bom começo. Por isso, se algo der errado, simplesmente aceite e pense no que você pode fazer para mudar esse cenário.

O artista se assemelha a um modelo avançado nessa teoria, pois se assenta na liberdade.

Não deixa de ser metafísico, místico, pois intuir é se fundir com a vida em uma percepção mental, emocional e espiritual mais acentuada por meio do físico, assim como a metáfora da história tupi-guarani ensina.

É difícil explicar a intuição por ela ser algo que vem da sensação. Algo que precisa ser mudado, que deve seguir um rumo diferente, e que, se optar por seguir sua razão, nada fará, porque a intuição traz uma leitura diferente da que você vive.

Como Goethe dizia, o artista está acima da natureza, com seu espírito livre, e pode tratá-la segundo a finalidade elevada que ele persegue. Dessa forma, ser, ao mesmo tempo, seu amo e seu escravo. Escravo no sentido de que deve agir com os meios terrestres para ser compreendido. Amo na medida em que subordina e sujeita esses meios às suas intenções superiores.

Isso é para os escolhidos? Não acredito nisso. Acho que qualquer um pode ter essa alma de artista e se conectar com a intuição. Por que não tentar?

Capítulo 13

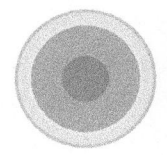

A intuição é mística?

A intuição, por vezes, se faz polêmica: alguns a interpretam como algo místico demais, e, portanto, sem fundamentos científicos. Outros, como Rudolf Arnheim, psicólogo e escritor alemão, como um dom que não vem de lugar algum, o que o leva a ser atribuído às inspirações humanas ou considerado um instinto inato. Alguns estudiosos falam da suma importância da intuição tanto na vida pessoal como na profissional. Para mim significa uma essência da vida e quando a ignoramos podemos cometer muitos erros.

Outro dia, minha filha, ao comer macarrão, disse que estava comendo minhocas e meu filho repetiu. Na hora, achei engraçado e perguntei porque ela falou em minhocas, de onde havia tirado a ideia, visto que nunca tinha entrado minhoca em casa antes – o que me fez achar ainda mais estranho o comentário, e o fato de, horas mais tarde, ter me deparado com uma minhoca na cozinha! Ao relacionar os dois fatos, imaginei que ela tivesse visto a minhoca antes de mim, o que a fez comentar. Quando me disse que não tinha visto a minhoca, e, inclusive, demonstrou surpresa, pensei: "Intuição? Aff!"

Não podemos subestimar o poder das crianças! Nunca se esqueça disso!

Pode ser que a intuição apareça como forma direcionadora na vida, como sinais. Você presta atenção a esses sinais?

Um exemplo são as mandalas que desenho. Comecei a fazê-las sem qualquer aprofundamento e as nomeei sem me utilizar de qualquer meio racional. Depois de um tempo, passei a pesquisar os simbolismos das mandalas, suas cores, números e formas e me deparei com algumas revelações surpreendentes, como o fato de os nomes que colocava nas mandalas serem congruentes com as interpretações dos símbolos. Por exemplo: a mandala da espiritualidade tem sete pontas, sendo o número sete representativo da espiritualidade, entre outros exemplos com cores, formas e números. Não conhecia essas simbologias desde o princípio e, mesmo depois da pesquisa, ao desenhar não me dava conta de pensar que símbolos, cores ou formas deveria colocar. A intuição se manifestava, simplesmente, como se eu tivesse um conhecimento subliminar.

No Natal de 2014, decidi dar como presente algumas mandalas para pessoas da família e para amigos mais próximos. Achei interessante, pois pareceu que eu adivinhei do que cada um precisava, por exemplo, dei uma mandala da fé para uma amiga que me contou, depois, que era de fé que precisava, por andar triste e desacreditada em relação à vida.

Ocorreu o inverso com minha sobrinha Gabriela, que escolheu a mandala da autoconfiança sem saber que era, de fato, a mandala da autoconfiança, algo que ela dizia que precisava cuidar em si. As escolhas seriam produto da intuição, como se o talento do artista fosse uma forma de abrir um caminho intuitivo e, com isso, quebrar barreiras que a arte pudesse transpor, além de erguer novas no processo artístico. O resgate da nossa criança interior permite mais, pois está livre de julgamentos ou de crenças limitantes que bloqueiam, por vezes, nosso caminho. Se eu racionalizasse esse processo, ele não faria sentido algum, seriam apenas as escolhas baseadas por gostos.

— Ah, mas isso porque você já é uma artista e entrou em conexão com a sua arte!

Alguns me diriam isso, mas o que quero mostrar com esse livro é exatamente o oposto: que é possível gerar esse tipo de conexão com a arte e com a intuição e, o melhor, obter resultados fantásticos.

Capítulo 14

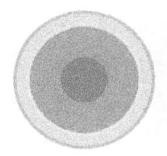

A criança é intuitiva por natureza

Os desenhos infantis, por exemplo, possuem uma aplicação inconsciente, espontânea, e suas formas particulares, construtivas da forma global, são dotadas de uma existência própria. Na criança, existe uma força inconsciente que se expressa em seus desenhos e, portanto, o artista que se se assemelha bastante à criança, durante toda a sua vida, se torna mais apto para perceber a ressonância interior das coisas. Por isso que a criança está mais aberta a esse processo intuitivo e abundante e, de modo que semear a nossa criança interior se mostra como um caminho evolutivo na intuição. Certamente você deve estar se perguntando: como semear essa criança interior?

Outro dia estava na piscina com as crianças e resolvi brincar de pular na água e mirar na boia de criança. Acertava e, claro, entalava na boia! Aquilo foi muito divertido, tanto que minha filha gravou no meu celular, fazendo uma narração: "Olha a louca da mamãe!". O Nicolas aparecia ao fundo da gravação, rindo enquanto assistia. Naquele momento, se eu perguntasse para alguém qual dos três era o mais infantil, a resposta seria: a mamãe!

Naquela ocasião eu precisava cuidar da minha tia de 89 anos e estava com vários problemas na cabeça, coisas da vida de adulta cheia de responsabilidades sérias e, por vezes, pesadas: problemas pessoais, da empresa, tarefas a fazer, como comida, entre outras coisas. Mas eu decidi ficar uma hora na piscina com as crianças, e na piscina do vizinho da minha tia, o que tornou a brincadeira ainda mais engraçada! Sabe o que aconteceu depois? Resolvi tudo com tanta facilidade! O dia foi leve, as soluções vieram de forma muito clara e, por vezes, intuitivas em minha cabeça. Porque eu tornei as coisas mais leves, deixei minha cabeça mais tranquila e, portanto, pude ter mais clareza para tomar decisões. Isso que chamo de semear a criança interior. A intuição, assim como a espiritualidade, está ligada a semear essa criança, resgatada pela arte de alguma forma.

Venci, pelo menos naquele dia, a resistência que imobiliza. Geralmente, a resistência aparece em formato de procrastinação ou até mesmo em frases que vêm ao ouvido, do tipo que levam você a acreditar que não dá mesmo para fazer aquilo, ou que não vale a pena. Na maioria das vezes, aparece com o medo.

Vencer a resistência é como se entregar ao fluir do mundo tendo no espírito infantil o melhor meio. Hábitos são frutos da aprendizagem. Sendo assim, gerar hábitos também é forma de gerar nova aprendizagem.

Para isso, preciso de uma nova programação interna:
1) Descobrir o que eu não sei.
2) Descobrir o que já sei.
3) Treinar e aprender o que eu não sei.

Conversei com muitas pessoas que usam a arte como forma de se desenvolverem, e, em geral as opiniões se assemelham. Temos o poder de despertarmos para a consciência e essa para a percepção por meio da nossa criança interior, que é justamente nosso maior potencial de entrega, nossa maior força perante às resistências que ocorrem em nossa vida.

Afinal, possuímos a vida que vivemos, apesar de termos uma não vivida que existe: uma vida que queríamos, mas não fomos corajosos o suficiente para vivê-la, ou racionalizamos que não daria para vivê-la.

Por meio dessa lógica, parece mais fácil passarmos por uma mudança difícil do que semearmos uma vida que não almejamos! Isso porque a vida infeliz e sem plenitude que eu vivo pode ser muito pior do que uma transição difícil.

A arte? É uma poderosa ferramenta de expansão da intuição! Não tenho dúvida!

Capítulo 15

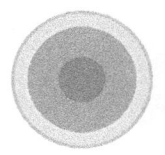

A intuição, a ciência e os tipos de intuição

Como disse antes, não existe muita base científica sobre a intuição, mas em um trabalho de Dean Radin, em que a intuição é nomeada pressentimento, há a comprovação de sua existência por meio de um experimento. Depois, outros cientistas ratificaram seu feito. Acho interessante entendê-lo.

Em sua experimentação, por meio do qual o autor provou a influência da intuição, a um participante foi solicitado sentar em frente a uma tela vazia de computador com eletrodos presos à palma de uma das suas mãos para registrar as minúsculas flutuações na condutância elétrica da pele, e o mouse na outra mão. Enquanto isso, na tela do computador, imagens apareciam de forma randômica – fotografias de paisagens, de pessoas tranquilas, até cenas eróticas e imagens de acidentes – e suas emoções e sensações eram registradas. A partir da condutância elétrica da pele, monitorada sem interrupção, descobriu-se que cada participante repetia 30 ou 40 experiências em cada sessão.

Quando há o pressentimento, o corpo responde de maneira prévia a um evento futuro, em proporção ao grau de emotividade que esse evento apresentará. Isso explica porque mães sentem quando os filhos estão em situação de apuro, milésimos de segundos antes da ocorrência, por exemplo. Nesse experimento, os resultados sugerem que, quando a pessoa está a ponto de ver uma imagem emocionante, responde antes que essa imagem apareça. A hipótese dos pressentimentos prediz que as respostas ao pré-estímulo aumentarão em proporção ao aumento da emocionalidade das futuras fotografias, indicando que informações específicas a respeito do conteúdo emocional da imagem futura são percebidas no presente. A correlação observada nessas experiências foi, conforme previsto, bastante positiva. O termo pressentimento enlouquece alguns cientistas porque desafia as crenças do senso comum a respeito da causalidade e do tempo, e isso é, para alguns, uma experiência metafísica. Para apresentar um caso persuasivo em favor dessas evidências, qualquer possível fenda ou armadilha teria de ser examinada com cautela.

Radin ressalta que explicações alternativas poderiam incluir pistas sensoriais ou erros estatísticos sobre os saltos esperados, erro na coleta de dados, em artefatos analíticos ou de mensuração, vieses de relatos seletivos, fraude dos participantes ou experimentadores e uma variedade de estratégias antecipatórias, conscientes ou inconscientes. Foram considerados todos esses fatores em processos de projeto, aplicação e análise dessas experiências e nenhum pode explicar os resultados.

A experiência é uma forma de mostrar aos céticos que, de fato, a intuição existe e que seus sinais podem ser lidos. Não podemos negar que não somos educados para vivenciarmos a intuição, que não temos uma cultura voltada a isso. Portanto, não somos estimulados para tal. Arnheim, inclusive, debate isso em seu livro *Intuição e intelecto na arte* (2004): "Já que a educação não deve ocorrer apenas pelo intelecto, como ensinar a intuição? É algo de difícil alcance, uma vez que somos programados para um mundo mais racional".

Sei o quanto é difícil argumentar com base na intuição, ainda mais perante céticos, que não acreditam em algo destituído de base científica. Certamente, você terá a mesma dificuldade, e, de qualquer forma, será preciso ter muita força na sua intuição para que ela se mantenha em seu caminho sem que alguém interfira. Acredite que vale a pena. Do contrário, pode ser um campo de vida não desfrutada, que limita a fazer apenas coisas que estão cientificamente comprovadas ou que julgamos ser mais racionais. Muita gente opta distração pensando ser diversão. Não caia nessa roubada! Mantenha-se firme em seus propósitos e caminhos e, se você estiver certo de sua intuição, acredite nela!

Vale ressaltar que, para a intuição, a complementaridade da análise racional é rica e necessária.

Nesse contexto, faz-se importante reforçar que há armadilhas no caminho intuitivo. Certa vez, uma coachee precisava fazer uma escolha e me disse que, pela sua intuição, iria por um caminho que era de seu desejo desde o início. Nesse caso, o desejo oculto se disfarçou de intuição. Cuidado!

Quer conhecer outra armadilha? Outro dia fiquei observando uma mulher na fila do açougue. Ela chegou acelerada, dizendo que estava em sua curta hora do almoço e que poderia se atrasar. Repetia éssas palavras a todo momento e também dizia que tinha certeza de que não daria certo ir ao açougue naquele dia. De tanto ela falar, deixou as pessoas tensas ao redor: quando ela foi atendida, por exemplo, o rapaz, nervoso, errou o pedido; no caixa, a moça, preocupada, errou o cálculo, o que atrasou mais ainda a mulher! Assim, ela profetizou e aconteceu! Nesse caso, a profecia é autorrealizável: a mulher repetiu diversas vezes e, de forma inconsciente, adotou atitudes que levaram ao resultado. Isso não é intuição!

Acredito que somar razão e intuição seja o melhor caminho. Assim também acreditava um filósofo que admiro, o Bergson: ele dizia que a razão está ligada à matéria, e a intuição, por sua vez, à vida. Faz-se necessário colocar uma contra a outra para delas extrair a quintessência do seu objeto e alcançar a consciência, visto que há a necessidade de ajustar a matéria e ao mesmo tempo seguir a corrente da vida.

Nessa hora imagino que você deve estar se perguntando: "Como saber se tenho intenções ou armadilhas?" Olhe para si e sinta. Há sensação de uma biblioteca oculta se abrindo dentro de você, como um conhecimento que até então era oculto para determinada situação, ideia ou inspiração? Ao tomar uma decisão, sem muita explicação, você acredita ser o melhor caminho? Pode ser intuição!

Existe também aquela intuição que muito se assemelha à criatividade, porque dá uma sensação de que para todo problema há uma solução: perante uma situação difícil, você abre um canal e ele lhe dá direcionamento. Isso ocorre muito comigo quando estou trabalhando, nas vezes em que um problema parece não ter jeito. Fico em silêncio por um tempo, para sentir a solução, e intuição criativa que se manifesta. Os estudos de uma pesquisadora, a Kurtz, descrevem que há quatro tipos de intuição e nos ajudam a entendermos melhor quando, de fato, sentimos intuição. A intuição criativa ou inspiradora se assemelha ao processo criativo, revelador. A descoberta revela verdades ou informações singulares. Aparece em forma de alternativas e possibilidades. A intuição criativa pode produzir ideias variadas e a resposta correta surge em um "estalo" de compreensão.

Eu me envolvi com um projeto importante, no qual utilizei filmes e palestras como meios de incentivar o empreendedorismo. Levei dois meses nas escolhas dos filmes, nas edições, nas montagens das palestras e na organização do evento. Ministrei 24 palestras: seis em quatro dias. O evento foi um sucesso, mas, você pode me perguntar: o tempo inteiro deu tudo certo? Claro que não! Por diversas vezes, apareceram problemas. Um deles foi com a exibição de um dos filmes editados, no qual havia uma cena que poderia causar problemas com o público e, em razão disso, a equipe foi criticada pelo Sebrae. Cansada, assim como toda a equipe, poderíamos pensar que era tarde demais para qualquer alteração. No entanto, não pensamos dessa forma. Quando determinamos em nossa mente ser possível, soluções aparecem e conseguimos editar e adequar tudo em tempo recorde. Para todo problema, existe uma solução!

A intuição crítica aparece com direcionamento de respostas mais diretas, "sim" ou "não", quando se está diante de uma escolha. Às vezes, ela aparece com uma dúvida repentina ou uma atitude assumida em determinada situação, semelhante a que tive no curso, ao falar do meu desejo de ter o segundo filho. A intuição crítica não revela a alternativa em si, mas sugere a direção a seguir.

Senti isso quando recebi uma proposta de trabalho lucrativa, interessante, que não parecia interferir em minhas atividades como consultora e palestrante. Contudo, senti que não deveria aceitá-la, pois fugiria do meu propósito, e não aceitei.

Outro dia, eu olhei para meu chinelo e disse, do nada, que ele iria estourar. As tiras estavam perfeitas, sem qualquer sinal de que arrebentariam. No dia seguinte, eu estava usando o chinelo e as tiras arrebentaram. A intuição precognitiva está mais ligada ao experimento do Dean Radin, o qual citei anteriormente. Ela pressupõe que o indivíduo tem a capacidade para prever algo. A formulação de hipóteses, na antevisão de eventos futuros ou das consequências de uma situação, pode vir como um alerta, como forma de se proteger. Dessa forma, às vezes aparece como um impulso para um ato, mas sem revelar o fato, ou aparece como uma sensação de já ter vivido aquilo antes.

Lembro-me de que, um dia, senti uma calma profunda, como se fosse um aviso que algo traria uma melhoria para a situação que eu vivia. Uma hora depois de sentir isso, e no mesmo dia, tive uma notícia a respeito. A intuição transcendental, que corresponde ao nível mais espiritual de percepção, gera uma consciência cósmica e eleva ao plano superior. Nessa intuição, as três anteriores estão englobadas e ela pode ser experimentada por meio de estados de interiorização, os quais são proporcionados por meditações que incluem a arte ou a yoga, por exemplo.

Vamos entender melhor os benefícios da meditação e o quanto ela ativa nosso lado intuitivo?

Capítulo 16

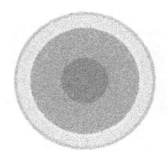

Arte e meditação ativa

O caminho de desenvolvimento pessoal envolve não só o autoconhecimento como também a busca da espiritualidade, do sentido na vida. A meditação é um caminho que pode ajudar muito nesse sentido. Porém, sabemos que nem todos a praticam com facilidade. Também, muitos não sabem que existem formas de meditar que são mais "acessíveis" a todos. A meditação ativa, como conhecida, pode ocorrer por meio de uma atividade que leve ao estado meditativo de forma diferenciada. A arte pode ser um caminho bem interessante e prazeroso para tanto.

Vivencio a arte há muitos anos, de modo que tenho inúmeras histórias para contar sobre ela, mas nenhuma se compara a de um quadro que demorei mais de cem horas para executar, porém que me trouxe mais de cem horas de meditação ativa e contato com os quatro planos: físico, mental, emocional e espiritual.

Tudo começou em um sonho estranho que me trouxe a sensação de precisar fazer algo. Confeccionei uma mandala com caneta hidrocor e, de repente, a vi em minha imaginação, maior do que na realidade. Decidi que a faria em mosaico.

Empolgada com a possibilidade de usar algo tão diferente e com a mistura de materiais, procurei minha orientadora de técnica, a Lia Pereira, para mostrar.

– Nossa, Fernanda! Vai ficar linda essa mistura de técnicas e materiais!

– Penso em usar pedras, azulejos, pastilhas de vidro, pinturas com vidro... enfim, quero que seja diversificada!

– Mas você sabe que isso vai ser trabalhoso e vai exigir bastante de você?

– Sim, mas preciso fazer essa mandala e, de alguma forma, ela já existe em meus pensamentos!

Comprei os materiais e comecei os traços na madeira, com cuidado e atenção aos detalhes. O tempo parecia estar com pressa. Já passavam das 15 horas e eu, cansada de só fazer riscos, decidi parar por um momento. O caminho foi longo e exigiu muita paciência, além de meditação intensa, um contato absurdo comigo. Ao me deparar com a dificuldade de ter paciência, entendi que dela posso tirar os melhores traços da minha vida. Cada coisa tem seu tempo de construção e não adianta ter pressa ou colocar pressão.

Isso tira o peso da pressa na era do imediatismo, não é mesmo?

Os dias se passaram e eu encaixei a execução da obra de arte em minhas atividades diárias. Foram horas de silêncio profundo tentando entender cada pensamento que me visitava. Pensei nas relações, nas ações das pessoas ao meu redor, mas, na maioria do tempo, convivi apenas comigo e com a solidão.

Com atenção plena para aquele trabalho de paciência e resistência, a cada peça que se encaixava como em um quebra-cabeça, eu moldei peças e as colei buscando encaixes perfeitos em materiais grossos.

Em meio ao silêncio da meditação profunda, passei a me entender melhor.

Machuquei minha mão algumas vezes, e, em todas vezes que isso ocorreu, foi por distração, por falta de atenção plena no presente. Foram momentos em que me deixei vagar e assumi minhas ações em modo piloto automático, do fazer por fazer. Sim, eu faço isso algumas vezes, especialmente quando estou com amigos e vou para o celular, quando estou com as crianças, pensando nas tarefas do trabalho e assim por diante. O machucar a mão, na verdade, é a metáfora do machucar as pessoas que querem a minha verdadeira atenção, e isso inclui a mim, quando não me permito viver meu presente.

A arte me trouxe consciência disso, a consciência que eu perdi em meio à correria do dia a dia. Será que isso não ocorre com você, quando está focado demais em suas coisas? Cuidado com os pilotos automáticos!

À medida que avancei com a obra de arte, o nível de exigência aumentou e as dificuldades também. Em determinada fase, precisei cortar com o torquês muitos azulejos, em formato de bolinhas; mais de mil bolinhas, na verdade, o que exige cuidado para a colagem não perder a essência da circunferência. Um dia, ao me dar conta de que, ao total, havia se passado 30 horas de trabalho, eu, sem paciência, insisti em continuar apenas por ter a tarefa agendada, conciliada com meu trabalho.

Nesse dia, me esqueci do silêncio interior. Abalada, não permiti que a arte mudasse o meu estado. Impaciente, fiz uma produção racional utilizandome de réguas e rapidez. Ao olhar para a obra, no dia seguinte, me assustei com a deselegância que transformou a mandala em curvas tortas, sem harmonia aparente. Precisei ter o dobro de trabalho: desfazer tudo o que tinha efetuado no dia anterior! Eram muitas peças que precisavam ser quebradas, arrancadas, e que, sem que eu pudesse ter total controle, acabei estragando algumas que estavam perfeitas. Quem nunca saiu para a ação mesmo estando abalado? Ali, naquele momento, pude perceber que isso estava frequente em mim: a fúria por produzir resultados. Assim, o que deveria ser produzido estava sendo destruidor. Permitir-me entrar na meditação, acessar a intuição e encontrar respostas antes de qualquer ação, me pareceu mais coerente. De novo, a arte me trouxe consciência, mas, dessa vez, no campo emocional!

Isso mostra como não respeitamos nossos momentos. Às vezes, dar um tempo é a forma mais rápida de atingir um resultado. Lembre-se disso!

No campo mental, faltou planejamento da data de conclusão, um cronograma e acreditar que seria possível, ainda que em etapas mais complexas me desse vontade de desistir. Lembro-me de que me comprometi a fazer essa mandala a tempo de usá-la no discurso de encerramento da minha formação na Unipaz SP. A data estava muito próxima: apenas dois meses para fazer tudo. Considerando atividades paralelas, computei, ao todo, cem horas e trinta minutos nesse trabalho! Ouvi, o tempo todo, que deveria escolher outro projeto para aquela apresentação na Unipaz, pois não daria tempo de terminar a execução! Fiquei me questionando: quantas vezes desisto das coisas por que os outros me dizem ser impossível? De forma inexplicável, eu segui com a intuição de que daria tudo certo, e, de fato, entreguei a tempo. Claro que isso me rendeu muitas noites e finais de semana de trabalho.

A arte, dessa forma, me trouxe um poder interno indescritível! Porque só somos capazes quando acreditamos que somos! Metas desafiadoras, assim, podem ser alcançadas desde que estejamos com uma mente forte e determinada!

A manifestação intuitiva foi em uma das últimas fases, quando estava com 90% do trabalho concluído e pintaria uma parte para colocar cacos de vidro em cima. Tratava-se de uma técnica que nunca havia utilizado. Assim a Yara Fragoso, mosaicista muito experiente, me acompanhou e me orientou nesse dia.

– Fernanda, aqui você deve ter muito cuidado, visto que está no meio da Mandala, onde a tinta deve ser aplicada.

Eu ouvia e fazia com uma paz interior!

Ao terminar essa etapa e olhar para meu quadro, para meu espanto ele ficou horrível, grotesco, sem nenhum requinte. Sabe que não me afetou? Eu apenas fiquei em silêncio, por um tempo, olhando a peça. Yara me olhava com espanto, sobrancelhas arqueadas e boca franzida pela preocupação.

De repente, comecei a pintar de forma nada convencional.

– O que você está fazendo?! – Yara perguntou, espantada.

Nada respondi. Segui minha intuição e fiz a pintura em manchas interessantes. Ao colocar o vidro, a Yara respirou fundo, pois não acreditara que daria certo.

– Nossa, está lindo! Não imaginei como ficaria, mas resolvi esperar – rimos juntas.

Pensei em quantas vezes algo dá errado e que me desesperar me faria perder todo o trabalho, enquanto que, se eu esperasse um pouco, poderia encontrar uma solução dentro de mim.

Sim! Senti que a arte me trouxe uma conexão espiritual! Quando a encontramos, o impossível salta aos olhos, tudo se encaixa e as soluções chegam de forma simples!

O simples é o nível mais difícil a ser alcançado!

Gosto de relatar essa experiência, pois o processo de expansão da consciência e a percepção ocorrem quando estamos em contato com a arte nessa experiência profunda da meditação ativa.

Isso ocorre em razão do silêncio interior. Para ter silêncio, não significa que você precisará estar em um lugar reservado, sem qualquer barulho, pois ter silêncio se trata de algo entre você e você. Você pode, por exemplo, praticar esse silêncio em uma avenida barulhenta, visto que estamos falando de diálogo interno.

Mais que meio de expressão do artista, a arte é a autorrealização por meio da intuição da consciência. Um racional silenciado, o modo intuitivo produz uma percepção extraordinária e o ambiente pode ser vivenciado de forma direta, sem o filtro do pensamento conceitual, sendo que a experiência da unidade do indivíduo com o meio que o cerca constitui característica principal desse estado de meditação.

Quando aprendi a pintar, com minha mãe, cada traço gerava uma conexão entre mim e ela. Kandinsky fala que, de forma consciente ou não, os artistas buscam o autoconhecimento por meio da arte e isso faz com que busquem, também, a essência pela qual a arte deles fará surgir as criações de cada um. O processo artístico de conexão espiritual ocorre a partir de uma experiência íntima do artista com sua emoção, tornando-a, assim, comunicável aos outros, como se a arte fosse o fermento espiritual do seu renascimento. Isso que acontece com os quadros em movimentos artísticos, que dizem muito sobre os artistas e, uma vez que me identifico, vai dizer muito sobre mim, como se o objetivo real fosse mais a essência e a alma do que o objeto de arte em si. A arte, assim, tem um papel mais profundo que estético. O que contém em uma obra pode ser o que você vê externamente e que mexe com você de acordo com o momento que vive. Quem nunca assistiu a um filme e chorou horrores, mas, em outra fase da vida, ao assisti-lo novamente, não teve a mesma emoção? Isso se explica por ser a segunda vez? Eu, por exemplo, vi alguns filmes por três ou quatro vezes e chorei em todas elas. Podem acontecer diferentes coisas, dependendo do seu momento. Isso que chamo de informação da arte, para simplificar. Tratam-se de elementos interiores inseridos na arte pelo artista, de acordo com sua percepção, visão e emoção. Quando a emoção suscita uma emoção análoga no espectador, autor e apreciador se comunicam por meio da obra.

Um caminho interessante e de fácil acesso para aquietar a mente é por meio da arte. Qualquer um pode descobrir isso, mesmo em ambientes barulhentos. Acredite! Eu sou mãe de duas crianças e sei bem o que é uma casa agitada, mas sendo o diálogo interior o que conta, é possível praticar o silêncio. Desse modo, o estado meditativo também ocorre em quem contempla a arte, como se ela gerasse no espectador uma sintonia absoluta com a harmonia e a paz. Ir a exposições, assim, não deixa de ser uma meditação ativa.

Não saber saborear esse estado de solidão ou de silêncio interior, talvez, seja a maior questão, visto que o silêncio interior é um caminho evidente para a integração da consciência individual e uma forma de nutrir-se de melhores capacidades em todos os sentidos, o que depende do ambiente onde está inserido.

Tenho uma amiga que, ao chegar à sua casa, liga a televisão apenas para não ficar em silêncio absoluto, pois se incomoda com a falta de movimento em sua casa. Outro dia, perguntei a ela se podia deixar a televisão desligada, e a resposta foi bem clara:

– O silêncio da casa me dá um vazio enorme!

O silêncio, para ela, se assemelha a encarar um vazio. Eu a convidei a repensar, a encarar o silêncio como oportunidade de ter um contato maior consigo. Passou um tempo e, quando voltei à casa dela, percebi que o hábito mudou. Um filme que trata muito sobre esse contato consigo é o *Into the Wild*, em que há o personagem e a natureza. É baseado em fatos reais e eu aconselho assistir.

Neste silêncio interior se manifesta a intuição, e, com isso, há o aumento de percepção. Seria a seguinte analogia: distinguir melhor os sons em um ambiente mais silencioso. Da mesma forma, quem encontra o silêncio interior distingue melhor suas vozes interiores.

Você, certamente, já passou por dias em que o mundo parece estar contra a você, nos quais tudo magoa, as coisas não são como quer e tudo dá errado. Em um dia, uma pessoa estavam bem triste e fui tentar ajudá-la, contudo, ela me interpretou mal. Ao tentar ser simpática, gerei mal-entendido.

Decidi, então, ficar em silêncio absoluto, submersa em meu trabalho, em minhas criações e diante de um silêncio que me fez perceber que algumas das falhas eram minhas, porque eu agia e esperava que todos estivessem no mesmo estado de espírito que eu, insensível à percepção desse estado. Às vezes, o outro não está tão feliz ou não está com o coração tão aberto, o que o leva a interpretar os atos de acordo com o que vai na alma dele, não na sua. Sentindo-me melhor, fiz coisas que deram melhores resultados naquele dia.

Há união entre consciência e energia e isso varia para cada um. O desenvolvimento da intuição permite uma tomada de decisão expandida, aumentar a energia do pensar e a pluridimensionalidade no pensamento. Afinal, meditar com atenção profunda faz o pensamento considerar algo ou discorrer sobre os meios de conhecê-lo ou consegui-lo. Nesse sentido, evoca um processo mental de reflexão que permite, pela observação e análise, conhecer a essência das coisas concretas ou das especulações abstratas. Do ponto de vista etimológico, meditar significa dar voltas em algo, repetir o mesmo exercício mental. A arte pode ser um estímulo poderoso neste sentido, já que se desvenda em uma atividade plena de consciência. Ao se entregar para a arte, a mente se esvazia e a busca interior de suas necessidades se manifesta com o transferir da consciência do modo racional para o intuitivo, o que se atinge na concentração da atenção em um ponto.

Tenho uma tia de quase 90 anos que mora no interior de São Paulo, em um lugar afastado de tudo. Reside em uma casa simples, mas com uma vista maravilhosa para o verde. Quando você acorda lá, ouve o canto dos pássaros e tem a sensação de estar em um lugar sagrado. Quando minha mãe faleceu, eu quis que ela viesse morar na casa da minha mãe, para ficar mais perto da família e obter maior suporte. Porém, ela não quis.

No ponto de vista racional, foi uma decisão ruim, pois a logística é péssima para nós. Revezo os finais de semana com minhas irmãs e foi necessário contratar uma cuidadora para ela.

Sempre que vou, costumo ficar de um dia para o outro. Resolvi, uma vez, ficar uns dias com meus filhos na casa dela, uma experiência que me confirmou que nossas decisões não podem ser apenas baseadas no racional. Isso porque naquele lugar você permanece conectado com a natureza e a calma interior. Assim, a meditação é natural ali, onde a harmonia predomina. Por que ela iria querer morar em um lugar cheio de estresse? Só ela poder entender as próprias necessidades!

Por que, então, insistimos em entender o outro? Na melhor das intenções, queremos decidir o que é melhor para o outro sem nos darmos conta que cada um é responsável e total sabedor do que é melhor para si!

Nesse local, morava outra tia especial, uma eterna criança, mas com capacidade de memória além do normal: lembrava-se do aniversário de todos os meus amigos, mesmo daqueles que tinha visto apenas uma vez! Pela data de nascimento de qualquer pessoa, ela, em questão de segundos, fazia cálculo mental e descobria em que dia da semana a pessoa tinha nascido!

Fora isso, ligada às artes, a tia Miriam tocava piano, pintava lindos quadros e adorava artesanatos, como bordados e afins. Suas obras de arte revelavam quase sempre cenas românticas e havia grande sutileza em suas pinceladas. Era uma eterna romântica que dizia que iria se casar com o Almir Sater! Ela não precisava dizer nada, na verdade, pois sua arte dizia por ela!

Conforme dito anteriormente, a arte nos ajuda a entender melhor nossas necessidades. Por isso, a melhor ajuda que você pode dar a alguém é oferecer ferramentas para que a pessoa encontre as próprias respostas!

Ou seja, as escolhas são individuais, de modo que não há como, racionalmente, escolhermos pelo outro, pois podemos não conhecer as necessidades dele. O desafio é que as consequências são sistêmicas, pois afetam as pessoas ao nosso redor. Paradoxal e complexo como a vida precisa ser. Preciso gerar consciência e condições práticas para que cada um possa fazer a sua escolha, além de gerar consciência do quanto afeto as coisas e pessoas ao meu redor, o que faz da arte uma excelente ferramenta.

As mandalas? São especiais! Muitos me procuram para saber mais sobre essa simbologia de conexão com a espiritualidade e acho que vale a pena explicar um pouco nesse livro, como uma forma de ajudar você a encontrar significados mais profundos em sua busca pelo autoconhecimento. Vamos entender mais sobre elas?

Capítulo 17

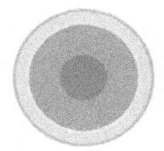

A arte das mandalas

Comecei a desenhar as mandalas de forma despretensiosa: peguei um caderno sem pauta, lápis de cor e canetinhas e fiz algumas mandalas simples. Gostei da brincadeira e fui me aperfeiçoando. À medida em que as fazia, mais elas ficavam detalhadas, mais desenhadas, com movimentos e combinações mais interessantes.

De repente, isso atraiu várias pessoas para meu perfil do Facebook, fora as marcações de outras pessoas em posts com mandalas.

Mandei fazer um caderno com as mandalas e sempre estou com ele em mãos. Diria que 80% das pessoas pegam o caderno e me perguntam sobre elas. Então acabei criando um blog, onde coloco outras artes minhas, mas as mandalas são a sensação.

Esse é o blog: www.corepoesia.com.br

Ao desenhar uma mandala em silêncio e solidão profunda, em meditação ativa, flui uma energia que percorre os símbolos e cores para quem as contempla em sua totalidade.

As mandalas podem ser recursos muito interessantes para quem gosta delas, e, é claro, para a meditação ativa. Porque, além da arte em si, há simbolismos e energia em uma mandala.

As mandalas vão além de um recurso meditativo. Ao contemplar uma mandala, se vê um desenho circular que contém, em seu interior, formas variadas. No entanto, há de se considerar seu centro como o início de tudo que foi gerado. Mandala provém de uma palavra de língua sânscrita, falada na Índia antiga, e significa um círculo. Quanto à sua etimologia, "manda" significa essência e "la" vem de conteúdo, de modo que pode ser vista como o "círculo da essência". É uma espécie de círculo mágico, como uma interiorização de nossa essência por meio de símbolos. Chevalier e Gheerbrant explicitam que a mandala é a imagem e o motor da ascensão espiritual, que ocorre de uma interiorização elevada da vida, e, ainda, uma forma do eu ser integrado no todo e o todo ser reintegrado no eu.

Há muitos símbolos nas mandalas, e mesmo que o criador de uma mandala não tenha consciência daquilo que desenha, coloca em sua criação sua essência e sua energia. Autores como Fioravanti afirmam que a linha circular é um limite entre o divino e o mundano, entre a consciência e inconsciência, alma e matéria, união e desagregação, como se fosse uma fronteira.

A arte com mandalas está muito ligada ao desenvolvimento espiritual. Inclusive, pode ser considerada um dos maiores símbolos da experiência humana, da passagem do material ao espiritual, de acordo com estudiosos Chandra e Kumar, que afirmam ser um instrumento para a meditação ou concentração.

Na Índia, existe a mandala tântrica, considerada uma das mais importantes por demonstrar que as leis governam o cosmos, às quais estão submetidos tanto os homens como a natureza. O título de tântrica se deve a um texto sagrado hindu em que se associam as evocações de divindades, como a aquisição do poder mágico, para alcançar a iluminação por meio da meditação. Neste contexto, a mandala pintada pode ser usada como meio de meditação, assim como riscada no chão pode ser usada para os ritos de iniciação. Na tradição budista, existe a mandala kalachakra, ou mandala da roda do tempo. Segundo a tradição, foi ensinada por Buda e procura visualizar as divindades e o resultado ao alcançar a iluminação.

Na tradição tibetana, a mandala é compreendida como imagem e motor da ascensão espiritual. As mandalas podem ser regeneradoras, podem trazer o equilíbrio e ativarem o físico por meio de energias positivas que afetam também o espiritual.

De fato, coloco muito da minha energia nas mandalas, e as pessoas mais sensíveis percebem. Como se fossem campos de força, onde as cores, as formas e os números vibram, por ressonância, quem as contempla pode alterar seu nível de energia.

Isso mostra que não é necessário fazer mandalas para dispor de uma meditação ativa: o fato de contemplá-las pode levar também a esse estado, uma opção para quem não curte desenhá-las.

Alguns me perguntam sobre a diferença entre as mandalas racionais e intuitivas nesse processo de desenvolvimento. O desenvolvimento ocorre de qualquer maneira, porém, de formas diferentes. As mandalas racionais são criadas a partir de uma simbologia, com uma finalidade. Nessas mandalas existe uma consciência e um propósito, além de um modo de direcionar suas ideias para um simbolismo, e, com isso, levá-lo a praticar a meditação ativa e a concentração eficaz. As mandalas intuitivas, manifestações do inconsciente, sem qualquer elaboração mental consciente, são espontâneas, de modo que manifestam as necessidades interiores.

Gostaria de explicar um pouco do simbolismo das mandalas, assunto fascinante e interessante a quem deseja meditar com elas.

Capítulo 18

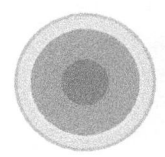

Simbologia dos números das mandalas

Baseado na obra de Lexicon, de 1992, o *Dicionário dos Símbolos*, faz-se importante considerar que o espaço interior da mandala determina os números atuantes no desenho. Por exemplo: uma mandala com divisões, cuja base seja o número três, pode conter vibrações diferentes daquelas cuja divisão do espaço se baseia no número cinco. Segue Quadro 1, com as simbologias dos números na mandala e suas respectivas características. Também apresento, ao longo desse capítulo, mandalas de minha autoria.

Quadro 1 – Simbologia dos números das mandalas

Base numérica	Símbolos	Características
1	Semente (Como assim? Evidência! Faz-me acreditar!) – essência.	Força, Deus.
2	Maternidade, energia do crescimento, emanações femininas na parte sensível da personalidade.	Polaridades de energia.

3	Realização no plano de matéria a partir de motivações espirituais. Pai, Filho e Espírito Santo.	Comunicação, originalidade e criação.
4	Vibração masculina ou positiva, poder e ação objetiva.	Intensidade, solidez, base e comando.
5	Leveza, fluidez e alegria.	Necessidade de liberdade.
6	Família, amor e beleza.	Equilíbrio e tranquilidade. Estimula uniões tanto afetivas quanto comerciais.
7	Figuras espirituais, dias da semana e fases da lua.	Espiritualidade, avanço e progresso.
8	Passividade e autoridade.	Harmonização e equilíbrio.
9	Solidão, silêncio e espera.	Conclusão de ciclos de aprendizados.
10	Renovação e alternância.	Dinâmica e aceleração.
11	Força interior e exterior e potência realizadora.	Ampliação, sabedoria e doação.
12	Encerramento de um ciclo, de um karma.	Passividade, neutralidade e libertação.

Fonte: Simbolismo dos números na mandala, segundo Fioravanti (2003).

MANDALA DO ENCONTRO – BASE 4.
Hidrográfica em papel sulfite – A4
Fernanda Dutra

MANDALA DA CORAGEM – BASE 4.
Hidrográfica em papel sulfite – A4
Fernanda Dutra

MANDALA DA CRIATIVIDADE – BASE 6.
Hidrográfica em papel sulfite – A4
Fernanda Dutra

MANDALA DA ESPIRITUALIDADE – BASE 7.
Hidrográfica em papel sulfite – A4
Fernanda Dutra

Capítulo 18 – Simbologia dos números das mandalas - **113**

MANDALA DA MISSÃO DA ALMA (versão hidrográfica) – BASE 8.
Hidrográfica em papel couchê – A4
Fernanda Dutra

MANDALA DA MISSÃO DA ALMA (versão mosaico) – BASE 8.
Mosaico em pastilha, azulejo, stained glass, vidro com pintura e colagem de pedras naturais – 70cm
Fernanda Dutra

MANDALA FLUIR DA VIDA – BASE 9.
Hidrográfica em papel sulfite – A4
Fernanda Dutra

MANDALA DA LIBERDADE – BASE 10.
Hidrográfica em papel sulfite – A4
Fernanda Dutra

MANDALA DA PAZ – BASE 12.
Hidrográfica em papel sulfite – A4
Fernanda Dutra

MANDALA DA SABEDORIA – BASE 12.
Hidrográfica em papel sulfite – A4
Fernanda Dutra

    Mandalas que contêm duas ou mais bases numéricas podem ser interpretadas com base na associação dos simbolismos, visto que são compostas, pois cada número confere uma vibração diferente.

Capítulo 19

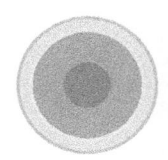

Simbologia da geometria das mandalas

Para cada forma geométrica existe um simbolismo, conforme Quadro 2.

Quadro 2 – Simbologia nas formas geométricas da mandala, segundo Fioravanti (2003)

Forma geométrica	Símbolos	Características
Círculo	Céu, seara, o espaço sagrado do profano.	Campo de vibração.
Triângulo	Homem em busca do espiritual.	Aspiração por Deus.
Quadrado	Matéria, mundo das realizações físicas.	Poder de gerar mudanças.
Pentágono ou pentagrama	Magia, alquimia, liberdade e pensamento.	Emanações leves e renovadoras.
Hexágono	Dupla aspiração espiritual humana.	Atuação da busca, a fé aplicada à vida material e a fé transformada numa ligação real com Deus.

Fonte: Simbolismo nas formas geométricas das mandalas, segundo Fioravanti (2003).

TRIANGULOS E CÍRCULOS – MANDALA DA RIQUEZA.
Hidrográfica em papel sulfite – A4
Fernanda Dutra

TRIANGULOS E CÍRCULOS – MANDALA DA ATITUDE.
Hidrográfica em papel couchê – A4
Fernanda Dutra

TRIANGULOS E CÍRCULOS – MANDALA DO APRENDIZADO.
Hidrográfica em papel couchê –A4
Fernanda Dutra

Capítulo 20

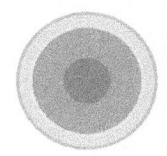

Simbologia das cores das mandalas

As cores influenciam na arte e na meditação ativa, pois elas vibram no campo energético. Entender a atuação das cores nas mandalas ajuda a compreender como a arte de uma mandala pode levar a uma atuação no plano físico ou espiritual. Nesse contexto, o Quadro 3 apresenta o simbolismo do uso das cores na mandala, como a funcionalidade.

Quadro 3 – Simbolismo do uso das cores na mandala, segundo Fioravante (2003)

Cor	Símbolos	Características	Funcionalidade
Vermelho	Conquistas, paixões e sensualidade.	Afasta depressão, tira o desânimo e traz poder no plano material.	Ativação de ânimos.
Amarelo	Inteligência, estudos e criatividade.	Ativadora e dinâmica, sua emanação age acentuadamente sobre os processos mentais, gerando aceleração e mudanças nos pensamentos.	Ativação dos pensamentos.

Azul	Paz, harmonia e serenidade.	Calmante, restaura o equilíbrio.	Acordos, habilidade diplomática e para atuação em conjunto.
Laranja	Reconstrução, correção e melhora.	Restauradora e regeneradora.	Atuação no plano mental e físico.
Verde	Cura.	Calmante, corretiva e curativa.	Atuação sobre a mente e sobre o equilíbrio.
Lilás	União da matéria física com o amor mais elevado.	Profundamente espiritual, mística e religiosa.	Atuação sobre estado espiritual desequilibrado, sobre a falta de fé e conexão com as forças divinas.

Fonte: Simbolismo do uso das cores na mandala, segundo Fioravanti (2003).

COR PREDOMINANTE – AZUL: MANDALA DO FOCO.
Hidrográfica em papel couchê – A4
Fernanda Dutra

COR PREDOMINANTE – VERDE: MANDALA DA PROSPERIDADE.
Hidrográfica em papel sulfite – A4
Fernanda Dutra

COR PREDOMINANTE – LARANJA: MANDALA DAS QUATRO ESTAÇÕES.
Hidrográfica em papel couchê – A4
Fernanda Dutra

COR PREDOMINANTE – AMARELO: MANDALA DA GRATIDÃO.
Hidrográfica em papel sulfite – A4
Fernanda Dutra

COR PREDOMINANTE – LILÁS: MANDALA DO SUCESSO.
Hidrográfica em papel sulfite – A4
Fernanda Dutra

COR PRE DOMINANTE – VERMELHO: MANDALA DO SERVIR.
Hidrográfica em papel couchê – A4
Fernanda Dutra

CORES PREDOMINANTES – AZUL E VERDE: MANDALA DOS ARCANJOS.
Hidrográfica em papel couchê – A4
Fernanda Dutra

Já que estamos falando de mandalas, é importante entender a espiritualidade, do que trataremos no próximo capítulo.

Capítulo 21

A arte e a espiritualidade

Quando teve minha primeira grande exposição no Centro Cultural de São Paulo, eu estudava ao lado da Universidade Paulista, perto do metrô Vergueiro, e ia olhar meus quadros todos os dias, sempre sentindo um orgulho enorme.

A exposição foi fruto de um concurso do qual participei no parque Trianon, junto com outros artistas. Pintei um quadro com tema livre. Meu quadro principal mostra dois corpos entrelaçados. A curadoria possuía o direito de se apossar de alguns quadros, de acordo com os dizeres do contrato, de modo que um deles foi confiscado e o outro eu vendi alguns anos depois.

Pintei o retrato porque já acreditava, naquele momento, que as almas podiam se fundir com o campo espiritual. O que mais me intrigou nesse dia foi um quadro confeccionado por uma artista muito jovem, mais do que eu, na época: ela estava com 15 e eu com 18 anos. O quadro era belíssimo e muitos perguntarem de onde ela havia tirado tamanha inspiração.

Foi um dia iluminado, gostoso e inesquecível. Modéstia à parte, gostei do resultado das minhas obras e fiquei verdadeiramente impressionada com a obra da minha vizinha por haver algo muito diferente naqueles traços espontâneos e divertidos. Ao final do dia, fui conversar com ela e descobri que ela havia pedido para sua sobrinha de 4 anos fazer um desenho no dia anterior. Ao gostar muito do desenho, decidiu usá-lo como croqui. O segredo estava na liberdade de uma criança!

Mas que tapa na cara! O sofisticado era, na verdade, a coisa mais simples e pura! O problema? Perdemos essa essência pura da criança, que entrega sua verdade. Então, quando a vemos, ficamos deslumbrados!

Já pensaram que o mais rico e belo é o que exatamente mais destruímos no dia a dia?

Matisse já dizia que o artista olha para a vida precisamente como olhava quando era criança, para se expressar de uma maneira original. A liberdade da criança para usar a sua criatividade e intuição está conectada com sua espiritualidade. Digo aqui espiritualidade sem qualquer ligação a dogmas religiosos, mas sim ao sentido de vida!

A criança não se deprime porque sabe que em sua existência há sentido apenas sorrir, brincar e deixar fluir o melhor da vida. Isso faz parte de sua espiritualidade: viver sem medo do que pode acontecer, com uma fé suprema de que sempre dará tudo certo, de que não há necessidade de controlar algo ou alguém, já que esse dom não está presente nesse mundo, e, portanto, ter fé é o primeiro passo para fazer acontecer. Claro que não o único, pois existe o amor da entrega em tudo que faz, o prazer supremo. Podemos resgatar a espiritualidade em qualquer momento, pois essa "criança" está apenas dormindo!

Vira e mexe me recordo de uma viagem que fiz com amigos, ocasião na qual nos deitamos na praia, à noite, só para contemplarmos as estrelas. O simples ato de contemplar, por horas – sim, passamos mais de duas horas ali, deitados nas cangas! – me marcou muito. Sabe o motivo? Isso se tornou raro. São tantos medos, tantos afazeres e tantos cronogramas, até viagens, que não abrimos espaço para algo tão simples como isso! Ou será que ainda reservamos espaço para essas coisas tão simples e ricas em nossa vida?

Dou aula em turmas de Pós-Graduação e percebi que os alunos estão muito preocupados em assinar lista de presença e perguntar se vai cair na prova. Intrigada, adotei uma tática: começo a aula com a lista de presença e brinco que ela não cairá na prova, e quem quiser aprender e se divertir, poderá ficar, enquanto que, quem não quiser, poderá ir embora. Sabe o que acontece? Ninguém vai embora porque as aulas são divertidas, têm jogos, arte, teatro e muita informação a ser vivenciada. Basta tirar a sensação de obrigação de que o trabalho não pode ser divertido, e o prazer retorna. Percebeu?

Capítulo 22

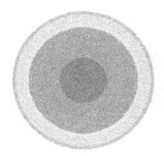

Espiritualidade e a inteligência emocional

A busca pela espiritualidade está muito ligada ao autoconhecimento e ao quanto ela entende suas fraquezas e suas forças e se relaciona com seu equilíbrio emocional, visto que sua capacidade de manter a paz interior e a resiliência contam muito nesse processo. A busca pelo silêncio e de um estado de paz propicia esse caminhar.

Daniel Goleman, autor consagrado da inteligência emocional, dizia que os domínios de anseios e de fúrias, da paixão ou do pavor acontecem quando o sistema límbico do cérebro está no comando. Nossas emoções afetam nossas atitudes e nosso QI, de modo que perdemos o entendimento e a capacidade de tomada de decisão quando nossos comportamentos advêm de emoções negativas.

Chegou na mesma semana a notícia de que minha mãe e meu pai estavam com câncer. Cabe citar que, mesmo separados há mais de 30 anos, mas bastante próximos nos últimos tempos, ambos participavam com seus cônjuges das mesmas festas e o clima era sempre agradável. Minha mãe se casou pela segunda vez e ficou viúva.

A emoção negativa tomou conta de forma tão forte de todos que as decisões, naquela semana, foram todas prejudicadas, como Daniel Goleman cita. Quando passo a aceitar a situação e entro em equilíbrio, me torno mais capaz de entender e "ler" as emoções dos outros, e, assim, ter mais empatia com a situação. Meus pais não queriam se sentir como "pesos" na família, e assim eu fiz: com intenção positiva, levei-os à sensação de que estavam no comando de tudo, o que funcionou muito bem.

Conto essa história para mostrar que, mais uma vez, não basta ter uma intenção positiva, mas é preciso, também, acima de tudo entender o outro, o que exige treino contínuo por não ser fácil.

Goleman, em sua obra sobre inteligência social, diz que gerar conexão com outras pessoas requer que haja atenção mútua e em sentimento positivo. Ou seja, que você tenha interesse genuíno pelo outro e o outro por você, e que esteja em sintonia com energia positiva, o que sincroniza seus pensamentos e ações e, consequentemente, gera empatia de sentimentos e o agir de modo mais adequado.

Uma coisa está ligada a outra, então, estar bem consigo torna-se importante. Somos capazes de produzir muito mais quando estamos em harmonia com as pessoas ao nosso redor. Não tenho dúvidas de que isso ajuda em momentos difíceis da vida. Se encararmos a espiritualidade como uma busca de sentido de vida, as emoções nos afetam de forma direta.

A arte pode ajudar a trazer certo equilíbrio, nesse ponto emocional, visto que acalma e neutraliza qualquer sentimento de raiva ou de tédio.

Desenvolver esse sentido exige, portanto, equilíbrio emocional e uma busca contínua pelo autoconhecimento.

Isso me lembra de um dia no qual vi uma mulher fora de si em pleno trânsito de São Paulo. Diante do farol vermelho, ela saiu do carro berrando com o moço que dirigia um caminhão atrás dela, xingando-o de modo frenético. Quando o farol abriu, ela resolveu emparelhar os veículos para continuar com suas ofensas. Ele, sem ação, buscou um olhar consolador até que encontrou o meu e fez um gesto com os ombros, como a dizer: "Não sei o que está acontecendo com esta louca!" O moço deveria saber. É provável que ele tenha feito algo que desencadeou a ação. Mas eu não pensei nisso, só na adolescente que estava no carro. Sei que ela estava fora de si, que não sou melhor do que ela e, por isso, não deveria julgá-la. Aliás, quem nunca passou por isso deveria atirar a primeira pedra! Contudo, o modo como agiu, descontrolado, no piloto automático, não foi o melhor exemplo a dar a uma adolescente!

Fazemos essas coisas porque, simplesmente, quando estamos nervosos, perdemos o controle de nossas ações. Há uma desconexão com nossa essência e deixamos de ver as coisas e as pessoas.

Por isso que gerar uma conexão com o eu superior, e também um questionamento, é um profundo autoconhecimento. Tudo isso exige muita prática da inteligência emocional e social. E quando digo muita prática, me refiro a muita prática mesmo!

Digo que ela agiu no piloto automático porque é provável que aja da mesma forma em outras oportunidades. Deve ter vivido situação semelhante que a marcou e a levou a agir igual, sem o menor controle das ações, de modo exagerado. Na verdade, ela estava desconectada de seu melhor.

Capítulo 23

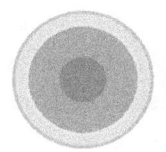

A espiritualidade como uma conexão profunda

Tive um professor que me contou que, em um ano sabático, ele decidiu viver afastado de tudo, em uma cabana muito simples e em contato com a natureza. Relatou-me que levou muitos livros, pois acreditava que teria muito tempo para lê-los. Acontece que, em sua vivência, ele experimentou o contato puro e singelo com a natureza, as plantas e os bichos, e, inclusive, me contou que um esquilo lhe fez companhia. Ali, naquele momento, ele decidiu ler livros, mas seu olhar se tornou mais seletivo, pois ele expandiu sua consciência, de modo que passou a perceber que muitas de suas leituras se mostravam incongruentes com o que vivenciava, e, portanto, ele precisaria selecionar mais sua leitura.

Naquele ano sabático, percebi, pelo contato com o que realmente importa na vida, que, ao nos depararmos com nossas escolhas literárias, é como se não nos reconhecêssemos. Passei, então, a pensar diferente e a buscar coisas mais profundas; não seria qualquer literatura que me fascinaria!

O que chamo de Potencialidade Pura, ou seja, o maior potencial em ação, é o oposto da situação do trânsito, pois ela remete a uma conexão profunda, um nível de autoconhecimento que transcende questões mais racionais, um verdadeiro canal de intuição aguçado. Uma consciência mais expandida significa mais informações para tomar decisões sábias. O professor que mencionei, em seu relato, disse que suas decisões estão mais claras, pois passou a ter plena percepção de si e do que é verdadeiramente importante.

Um tipo de contato consigo nasce após muitas horas de dedicação, por meio de um caminho individual, ainda que o indivíduo viva em comunidade. O acesso à natureza, à meditação e à arte pode ajudar muito, visto que fornece meios para obtenção do silêncio e da meditação ativa, além do encontro das necessidades interiores e da conexão consigo. O que você deve fazer? Pensar na melhor maneira para que esse contato ocorra! Não há receitas para tanto, porque não é o caso de fazer um bolo, mas esses questionamentos podem lhe ajudar:

– Em qual momento paramos para conversar conosco, para avaliar quem somos? Qual o melhor estado interno que devemos semear para criarmos a realidade externa que almejamos? Nossa busca por soluções de problemas costuma ser por meio da satisfação de aspectos externos, por exemplo, alguns, quando estão com problemas, gastam mais, procuram uma viagem ou qualquer outra coisa não relacionada aos aspectos internos, sendo esses aspectos essenciais na resolução de problemas: como entendermos nossa essência, nossa vocação, nosso talento, nossos sonhos e vontades. Afinal, buscamos mais daquilo que já temos (fatores externos) por não conhecermos nossa essência, e, com isso, nos falta o que levaria, de fato, à felicidade e ao estado de paz interior.

Certa vez, conforme disse anteriormente, assisti ao filme *Into the Wild*, em que o personagem buscava o isolamento total junto ao natural e, quando atingiu a sabedoria e o autoconhecimento, percebeu que a maior essência está na troca. Isso porque, na questão de relacionamentos e da comunicação, estão os vínculos que nos ajudam a criarmos o sentido da vida; nesses pontos que construímos nossos alicerces. A prática espiritual traz esse equilíbrio emocional, assim como esse equilíbrio leva à espiritualidade.

A espiritualidade, nesse sentido de encontrar significado para a vida, ajuda os indivíduos a enfrentarem suas dores, traz uma visão mais abrangente das coisas e uma sabedoria diferente da mera aquisição de conhecimento ou de um talento mecânico para resolver problemas.

A espiritualidade é um caminho introspectivo, de autoconhecimento e de compreensão profunda das questões existenciais por meio de distintos níveis de consciência. É inerente a cada um, bem como a corporeidade, a sociabilidade e a natureza emocional. Pertence ao substrato mais profundo do ser humano.

Por isso que o equilíbrio emocional e os relacionamentos afetam a espiritualidade, uma vez que interferem no comportamento humano. Emoções negativas interferem na egrégora dos ambientes, e, com isso, geram bloqueios ao desenvolvimento pessoal.

Aliás, sentimentos negativos atraem coisas ruins que afastam as pessoas da espiritualidade. Sabe aquele amigo ou amiga que sempre reclama da vida, sem parar, que vê tudo sob um prisma ruim? Quem aguenta ficar perto de uma pessoa assim por muito tempo? O pior é que a pessoa começa a acreditar que a vida se limita às coisas ruins que relata e perde a noção das coisas mais elevadas e profundas da espiritualidade.

Nos relacionamentos, esse tipo de pessoa pode cobrar muita atenção da outra e ser tão chata a ponto de irritar a outra pessoa e deixar de receber o que tanto quer. O que quero dizer é que o medo, a cobrança e a raiva criam realidades ruins para você. Estar bem consigo é, acima de tudo, tirar o "peso" dos maus sentimentos, tentar ser mais leve e deixar que a vida flua!

Goleman, em seus estudos recentes, cita que emoções negativas são tão contagiantes quanto as infecções causadas por vírus. O cérebro faz pouca distinção entre a realidade e a fantasia, de modo que reage da mesma maneira. Dessa forma, as fantasias podem afetar nosso equilíbrio emocional e nossa busca pela espiritualidade. Isso, na arte, também se mostra plausível, pois afeta sua expressividade.

A rejeição social por sua vez, também tem seu papel nesse processo. Ela atrapalha em nosso desenvolvimento espiritual, já que causa dores profundas com base nervosa. Goleman diz que essas dores são as mesmas que ocorrem quando temos uma lesão física. Quando há desequilíbrio emocional, a tendência é perder as conexões superiores que trazem a inteligência espiritual. Por vezes, nos deparamos com padrões impostos pela sociedade que nos deixam clara a rejeição como destino, se não os seguirmos. É, no mínimo, uma questão para se refletir.

Algumas perguntas podem lhe ajudar:

– Será que estou colocando um filtro negativo em eventos ao meu redor? Estou causando um clima ruim onde poderia ter um clima gostoso? Causo a alguém algum mal? Rejeito algo sem ter consciência do que a rejeição pode acarretar para o outro?

Tomar as responsabilidades por nossas ações é um bom início nesse processo!

Passei a vivenciar a espiritualidade quando comecei a me desapegar dos bens materiais. As pessoas buscam um padrão de felicidade que inclui ter corpo perfeito, ter filhos, um bom emprego, se casar e muitas curtidas no Facebook. Contudo, a vida não pode ser uma receita de bolo, de modo que essas ambições levam muitos à loucura por não integrarem esses padrões: ganharem para gastarem o que a mídia nos impõe com mensagens subliminares, como a necessidade de trocar anualmente os celulares e ter carros bacanas; que restaurantes, para serem bons, precisam ser caros; que precisamos nos apegar ao consumo de coisas que nem sempre serão usadas. Acredite: você não precisa seguir esse padrão! Faça você o seu padrão e seja feliz!

O Cortella fala uma coisa que gosto muito: é sobre o aparato de comandos que ordena o tempo todo a viver melhor e que acaba por negar e afastar sentimentos importantes para a vida, como a angústia e a tristeza. É como se as pessoas não aceitassem que você pode ficar triste. Além disso, como ele diz, faz parte da "consumolatria", ou seja, a posse contínua de coisas para gerar uma felicidade rasa, momentânea, episódica e voraz. Quando você percebe que é indiferente passear com os filhos em um parque ou ficar em casa, pois o que interessa mesmo é o fato de estarem juntos, você percebe algo muito maior que as coisas e bens que você possui ou das quais teve que desapegar, porque são as coisas mais simples que fazem você ser feliz. Levei muito tempo para perceber que a busca insaciável por ter coisas não leva as pessoas à felicidade. Se puder experimentar esse desapego, verá que é muito mais simples do que parece!

Em um domingo no qual eu iria viajar a trabalho à tarde, de modo que ficaria com minha família apenas até a hora do almoço, mesmo com receio de perder o horário da viagem, resolvi curtir as crianças e na cama mesmo: quando eles acordaram, foram até a nossa cama e começamos a brincar com eles de monstros, como o bicho-papão, o bicho-beijão, o bicho-abração, entre outros. Foram momentos muito especiais nos quais e não precisei de nada além de atenção e carinho mútuos.

Quer ser feliz? Pergunte sobre a vida para uma criança!
Minha filha Isabela fala quase todos os dias para mim:
– Mamãe, este foi o melhor dia da minha vida!
O Nicolas? É um sorridente nato!
Quer algo mais espiritual do que isso?
Se eu colocasse um anúncio para as pessoas, em um jornal, seria assim:
"Procura-se uma pessoa que saiba conduzir seu coração com um pequeno pássaro que se mostra exuberante no voo! Um ente que, ao mesmo tempo em que

recebe, sabe a hora de se entregar com fome e sede de viver. Reina inócuo e brilha apenas por viver. Possui a beleza da simplicidade da alma e valoriza a importância da humildade em seu ser, bem como sabe a importância de um amigo e valoriza pequenos momentos de paz. Valoriza também a vida, pela sua plenitude, e contempla a natureza com respeito e gratidão. Nobre em seus sentimentos e rico de amor, saiba seduzir como o sol enriquece o mar. Seja belo assim como o reflexo do sol, que conduz as nossas virtudes, nossas faltas e nossas falhas. Saiba suportar a paz que reina entre seres que se amam e se respeitam, aceite a dor para amadurecimento da alma, mereça a energia e força necessárias para enfrentar as curvas soturnas que aparecem na estrada da vida. Seja simples e saiba esperar; que seja capaz da empatia apenas por lhe ser essa uma fonte arbitrária e limpa. E, enfim, que seja merecedor do amor!

    O que quero dizer é que a felicidade é muito mais simples do que parece! A busca pela espiritualidade pode lhe trazer uma plenitude e uma riqueza interior tamanhas que, por sua vez, poderão sustentar esta felicidade ao ponto de ela se tornar algo mais comum e real em sua vida!

Capítulo 24

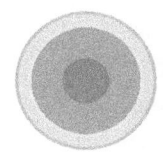

Uma arte para chamar de sua

O rei e o anjo

"Em uma pequena cidade havia um rei, Lex I, que vivia sua glória em dias de grandes mordomias e riquezas. Podia tudo que queria e queria tudo que podia. Em sua vida, também regada por conquistas, por vezes era aclamado pelo povo e considerado um herói por sua capacidade de superar as vicissitudes. Não compreendia, contudo o que lhe causava tamanha angústia, que lhe deixava os pensamentos tortuosos. As montanhas pareciam a ele distantes demais, o mar, agitado, as águas cristalinas das cachoeiras, então, secavam diante de seus olhos! Recebeu a visita de seu anjo repleto de alegria suprema, simplicidade e olhar inocente. Ele disse ao rei, ao pé do ouvido:

– Perceba!

O rei, então, passou a tentar entender e a buscar cada som ao seu redor. Ao ouvir, vinda do final da sua, uma bela música, sentiu seu coração bater mais forte, sua respiração acelerar e seu corpo se encheu de desejo por liberdade para voar.

Passou a andar pelas ruas, onde pessoas trabalhavam, crianças se divertiam com um simples graveto e casebres se espalhavam, pequenos, cheios de amor e carências materiais. Seria sua função perceber que ele deveria viver e entender a cidade que governava?

Sua vida passou a ser aquela cidade, na qual passou a cuidar de tudo como cuidava de si. Ao ouvir as necessidades do seu povo, seu coração também ouviu as palavras das almas carentes e ele corria com seus afazeres, como se fossem alimentos a lhe devolverem a energia.

Seu anjo apareceu no formato de sua imagem paradoxal: do herói com medo, do homem menino, da liberdade aprisionante. Sua aflição e angústias ainda estavam presentes sem que ele pudesse entender o porquê, em que ainda pecava.

Dessa vez, o anjo sussurrou as palavras:

– Plenitude e verdade!

Havia percebido tudo ao seu redor, sem ter mergulhado em si! Dessa forma, sua plenitude só seria possível quando sua verdade não lhe refutasse a alma. Precisaria do silêncio profundo e da solidão suprema para que pudesse ouvir a sua voz interior.

No pôr do sol mais majestoso que já tinha visto, ele entendeu as várias versões de si e lembranças de paixões, ternuras, e corações unidos. Pode mergulhar em seu mais profundo eu e, como em uma simbiose com seu anjo, em seu amor unipresente, que se manifestava quando criança, com sua mãe e pai, e quando adulto, com seus filhos, o mesmo amor com o qual governaria seu povo! O amor por si o faria entender sua essência e passar a servir!

Minha história traz uma busca pelo amor próprio que ainda é muito latente na nossa sociedade.

Há uma história sufi que conta sobre alguns peixes que ouviram falar de uma substância que lhes daria tudo que eles precisassem na vida. Ao ouvirem sobre a substância, ficaram encantados com a ideia e foram atrás para saberem do que se tratava. Logo, ficaram sabendo que era uma tal de água. Foram atrás desta tal água, mas, antes disso, convocaram outros peixes para a busca. Logo, muitos, entusiasmados, passaram a buscar a água. Inclusive, formaram grupos e estratégias para isso. Os peixes que originalmente começaram as buscas, não se convenceram com qualquer dos métodos utilizados como grandes projetos de pesquisa, enquanto outros procuraram estudar a tal substância e alguns, ainda, agiram como eremitas. Descobriram, então, a existência de um peixe muito sábio que poderia esclarecer o que a água fazia.

Percorreram milhas e milhas atrás do sábio, que gargalhou ao responder sobre a água:

– Vocês não sabem? Água é o que vocês já possuem, é o que os faz vivos!

Todos ficaram decepcionados e indagaram:

– A água não é tudo aquilo que falaram? Não é aquilo que pode dar tudo o que precisamos? Oferecer prosperidade, bem-estar, felicidade e saúde? O mestre respondeu que sim, mas que eles não podiam compreender do mesmo modo porque já viviam na água. Então, os convidou para uma experiência: pediu que pulassem e, ao passarem da linha da água, encontrassem outro elemento, pois a experiência os faria entender o que a água realmente era. Alguns pularam, pularam, sentiram o ar e uma sensação de morte com ele. Quando voltaram para a água, sentiram plenitude e realização.

– Compreendemos agora, pois nós tivemos uma experiência transcendental!

Nossa busca é múltipla naquilo que já somos, na inteligência que já possuímos e na condição que já está disponível; a busca individual é a melhor procura.

Capítulo 25

As artes plásticas

Obra: Plenitude da Natureza
Fernanda Dutra
Técnica: Tinta a óleo com mosaico em azulejo e stained glass
Dimensão: 40 cm x 60 cm

Às vezes, buscamos o universo que já possuímos e o autoconhecimento é uma busca para todos, o melhor caminho para um mergulho no melhor que a vida pode me dar e no melhor que posso dar para a vida!

A busca pelo autoconhecimento é a chave para um caminho mais espiritualizado e uma vida mais plena!

Só pude perceber que teria uma vida mais plena quando passei a desenvolver meu autoconhecimento. Lembro-me de que, quando criança, eu era muito quieta e as pessoas achavam que poderia ser timidez. Até mesmo eu acreditei nessa possibilidade. Quem me conhece hoje, sabe o quanto sou extrovertida. Aquele silêncio, na verdade, me remetia à observação porque eu ainda não sabia para onde queria ir.

Muitas vezes, eu ficava em casa, estudando arte, e me fascinava pelos quadros e biografias dos artistas. A arte é uma forma de manifestação do que realmente eles significam para o mundo. Minha mãe, quando pintava, colocava em seus quadros toda a sua delicadeza e sensibilidade.

Ficava horas pintando no quintal da minha casa, quando ainda morava com minha mãe. Às vezes, eu pintava no meio da sala mesmo, ainda que o cheiro da tinta a óleo não ajudasse muito. Ficava em transe, de modo que era muito comum que falassem comigo e eu não respondesse, pois, ainda que minha educação e interesse fossem legítimos, eu estava envolvida demais com a arte para me focar no mundo ao redor.

Venho de uma família que prestigia as artes, em especial as artes plásticas: o tio da minha mãe pintava, minha mãe, minha tia, o cunhado dela e a irmã, que também canta e se envolveu com o cinema.

A metáfora que uso é a mesma da atividade física: se você faz academia por obrigação, visto que odeia exercícios, é bem provável que a abandone logo. Contudo, quando encontra uma atividade física que se pareça com você, a probabilidade de abandono diminui bastante. O mesmo pode ocorrer na arte, de modo que aconselho cada pessoa a procurar a arte que mais combina consigo. No meu caso, foi amor à primeira vista pelas artes plásticas, pois elas me ajudam a buscar o sentido, a essência, me conectam com a fé suprema e com meu propósito de vida.

As minhas artes? Pintura, desenho, mosaico e a escrita!

Capítulo 26

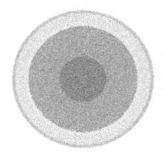

A dança

A Gisele, que citei no capítulo sobre intuição, conheço desde que tínhamos apenas 13 anos. Talvez, nossa amizade de tantos anos se explique nas coisas que temos em comum: ela escolheu a arte da dança do ventre para sua força interior e representou, em seu processo de cura do câncer, o encontro com a própria feminilidade, o que contribuiu para o equilíbrio da sua autoestima diante da mutilação que sofreu. A dança, para ela, é uma meditação que a encheu de ânimo desde sempre para enfrentar a vida. Subir no palco e ficar diante de todos os olhares, mesmo estando careca e mutilada, pela extração de seu seio, significava a ela assumir o palco da vida e dizer que não se importava com os olhares e muito menos com o que os outros pensavam. Afinal, ela não era uma mama ou cabelos esvoaçantes, mas sim algo mais profundo, que está em seu verdadeiro eu.

Abaixo está um trecho de seu livro que infelizmente não foi publicado ainda, ela faleceu recentemente, mas havia me cedido como exemplo a ser citado, o qual retrata como a arte pode ajudar as pessoas nessa busca por equilíbrio e espiritualidade. Ela foi sem sombra de dúvida, um exemplo de conexão com sua essência e viveu com muita alegria, ainda nos estágios mais avançados de sua doença.

"Se seguiram mais duas quimios vermelhas e depois mais 12 sessões das quimios brancas, como chamamos em um linguajar vulgar. Não senti nem uma única vez os efeitos colaterais como o da segunda quimio. Tudo fluía. Sentia um pouco de enjoo, ficava quietinha em casa no dia da aplicação e no dia seguinte. Voltava à rotina, cheia de alegria, com o lenço enfeitando a cabeça...

A vida estava seguindo com plenitude. Levei a história do tratamento com os pés nas costas. Vivia feliz da vida, continuei as aulas de dança do ventre – ainda que agora meus cabelos estivessem curtos e tivesse uma mama só. Sem dúvida, eu era a garota diferente da turma. Todas com seus cabelos longos e viçosos e as duas mamas, é claro.

Lamentava o ocorrido, mas mantinha o foco no aprendizado da arte e não no sofrimento.

O doutor me liberou 30 dias após a mastectomia radical para fazer dança do ventre. Coincidiu que 15 dias depois eu estava careca. Ainda assim, voltei às aulas de dança com ensaios para a apresentação de fim de ano. O ritmo era alucinante, a música era rápida e repetíamos várias vezes para deixar os movimentos o mais dentro da música possível. Alguns dias após as quimios, eu não aguentava. Sentava no chão para descansar um pouco. Ficava sem fôlego. Batia um cansaço, próprio da quimio no corpo. Respeitava esse tempo, e depois me levantava e voltava para o ensaio.

As amigas da turma sabiam de minha condição, pois nunca fiz questão nenhuma de esconder de ninguém. Realmente, não dava importância nenhuma ao que poderiam falar de mim. A diversão era eu inventar e reinventar a forma de colocar os lenços na cabeça, combinando sempre com a roupa da aula. Era fantástico, uma forma de criatividade, que eu gostava.

O fim do ano chegou e o dia da apresentação estava perto. Falei com a minha amada e doce professora, que eu teria que ir de lenço, pois não estava a fim de colocar peruca de cabelos longos para ficar como manda o figurino. Ela sorriu, entendeu e consentiu.

Pensei em como faria para colocar o top da roupa de dança. Um sutiã bordado. Todos perceberiam que faltava uma mama. Como eu iria lidar com isso? Como conseguiria ficar com aquela roupa sem me sentir constrangida perante os olhares curiosos de todas as alunas que estariam no camarim naquela noite especial, e de toda plateia que ia até o teatro para nos assistir.

Dei um jeito comprando uma peça um pouco maior, que escondia mais o colo do seio, então deu para disfarçar muito. Segui tranquila e aliviada para apresentação. Toda maquiada. Lenço brilhante na cabeça, pronta para dançar.

Ao chegar no teatro, a professora pediu para me chamar, e a moça que veio até mim, me encaminhou para uma sala. Ao chegar lá todas as alunas de minha turma me esperavam. A professora entrou então com um lenço na mão e disse:

'Gi, eu conversei com as meninas, e decidimos dançar de lenço na cabeça.' As lágrimas desceram sem uma única chance de interrompê-las, elas me abraçaram todas juntas formando um abraço coletivo. A maquiagem dos olhos marcados foi para o espaço. O sentimento era de alegria, de gratidão e de amor. Uma prova de compaixão de minhas colegas de dança, inesquecível esta atitude para mim."

Interessante é que a Fabiana Ramos teve uma história bem parecida com a da Gisele, que também com a dança do ventre conseguiu se conectar com seu feminino. Aos 15 anos, na casa de chá, Khan Kalili, a mais famosa em São Paulo, foi seu primeiro contato.

A Fabiana me contou que quando já trabalhava como executiva, em um mundo que falar de intuição era ainda um tabu, recuperou seu feminino, que não era algo valorizado no momento. Resgatava sua autoestima, apesar das dificuldades que enfrentava. Sua conexão com as demais mulheres, em um ambiente de apoio, véus coloridos e a beleza da dança. Veja que o apoio aparece de novo aqui, como se a dança conectasse as pessoas. Fabiana me disse com brilho nos olhos que em sua primeira apresentação solo, se surpreendeu ao se ver no vídeo.

Aos 33 anos teve um diagnóstico de câncer de mama, após cirurgia, quimioterapia e hormonioterapia precisou se afastar da dança de agosto de 2005 até fevereiro de 2006. Quando teve alta e liberada para a dança, ela ainda não dominava todos os movimentos do lado esquerdo, devido a mastectomia total e retirada de alguns gânglios. Passou por duas cirurgias de reconstrução do seio.

Aos poucos seu braço voltou a se mexer sem ser necessária a fisioterapia, colocou uma peruca ruiva, fazia mais de uma aula, ampliou os tipos de danças, inclusive com espada a pedido de seu filho. Completamente mergulhada nisso, ela me conta uma história que ela julga milagrosa. Fabiana não ovulava, diagnosticada com ovário policístico, a quimioterapia e a hormonioterapia geralmente agravam esta circunstância, já que esteriliza. Sem nenhuma explicação, ela acredita que a prática da dança ajudou na sua fertilidade, já que passou a ter ciclos menstruais regulares que nunca teve em sua vida, como um resgate do seu feminino e da cura da doença. A dança mobilizou seu corpo, gerou acesso a si mesma e de seus bloqueios, que racionalmente não teria, a fortaleceu para enfrentar sua doença. A arte, mais que um desenvolvimento pessoal, salvou sua integridade física.

Em seu relato há um olhar na dança de conexão entre as pessoas independentemente de suas diferenças e aproximação do que é o ser humano com todas as suas questões.

Hoje ela faz um trabalho voluntário no Hospital Perola Byington, onde ela ensina a dança do ventre para mulheres com câncer de mama. Apesar de ela chamar de dança do ventre, ela montou uma metodologia própria onde usa a dança de maneira mais integral, com as técnicas e também a espiritualidade e encontro com o feminino. Fabiana acredita que seja um caminho complementar de cura e cuidado da saúde e não apenas para o câncer, mas para qualquer cuidado, inclusive preventivo. Tomar consciência e abençoar nosso corpo traz muitas possibilidades. Cada um com seu tempo, com a ajuda da arte.

O tempo da Thais Alves, facilitadora de dançaterapia, que em sua adolescência, teve tendinites e lesões em várias partes do corpo, foi com muitas dores que a impossibilitavam até de uma simples caminhada. Através da dança buscou um caminho de retorno para si mesma, e a liberdade de ser ela mesma é em seu entendimento, curadora. Cresceu em um ambiente onde a música era valorizada, aprendeu a tocar violão e como em um efeito tranquilizador, suas emoções se apaziguavam e a sua mente ficava vazia, em estado meditativo, que ela chama de estado de conexão e presença.

No ano de 2003 sua fisioterapeuta indicou aulas com o Ivaldo Bertazzo com a reeducação no movimento. Ali começou a ter um resultado significativo, isso a levou a fazer a formação com ele. Foi lá nestas aulas que se deparou com um enorme cartaz sobre dançaterapia com a criadora do método, Maria Fux. Através da dançaterapia pôde sentir seu corpo de uma forma muito diferente, como uma conexão muito diferenciada, um contato consigo mesma, de partes de seu corpo que antes não havia consciência. Naquele momento não havia limites físicos, dores, era um resgate de uma vida, um novo início pessoal e que depois virou sua jornada profissional. A dançaterapia não lhe impõe padrões, não pede algo que ela não possa dar. Como ela diz: "A dançaterapia me mostra tudo que posso, tudo que eu sou. Eu não escolhi, fui escolhida por ela!".

– Acredito no potencial da saúde inerente ao ser humano, que depende do tipo de estímulo que recebe para se manter ativado, vivo. A arte pode exercer papel fundamental na qualidade de vida do indivíduo e da sociedade.

Thais fala também que a arte é um instrumento fundamental de introspecção, de autoconhecimento, de transformação e de expressão.

– A arte não tem regras, permite a manifestação daquilo que existe, mas não está visível. Dá liberdade e expande a consciência para além do conhecido. Ressignifica nossa trajetória e enriquece nossa experiência diante da hipervalorização da racionalidade e do excesso de mídias.

Como dançaterapeuta, tenho vivido em mim e presenciado nos grupos o quanto a dança invoca um senso de liberdade e de conexão com a nossa verdade, com aquilo que somos.

Capítulo 27

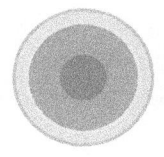

O teatro, o *patchwork* e arte têxtil

O corporal não necessariamente precisa vir da dança, pois aparece também no teatro. Para a Patrícia Maya, bacharel em Direito com formação livre em teatro, mímica e literatura, atual estudante de Naturopatia, a conexão com a Arte aconteceu em um momento em que estava completamente insatisfeita com a vida, especialmente quanto à escolha de sua profissão. Vivia um relacionamento conflituoso e precisava fazer algo diferente em sua vida. Então, ingressou em um curso de literatura para retomar a escrita da poesia, que foi abandonada na sua adolescência.

No seu curso, havia uma produção de sarau por mês, no qual se utilizavam da experimentação sensório-corporal da palavra, degustando a poesia com o corpo. Foi esse prazer que a levou ao teatro, e, um ano depois, passou a atuar.

Patrícia me disse que o teatro a transformou por completo, inclusive no plano físico, visto que melhorou seu caminhar: parou de pisar torto. Além disso, trouxe para ela autopercepção e autoconhecimento; ampliou sua escuta em relação ao outro e a generosidade, além do prazer de estudar e sonhar mais. O teatro a escolheu e ela vê a arte como a própria expressão da intuição e da espiritualidade, na qual, por meio de símbolos, há uma expressão que dificilmente ocorreria de forma racional. É para ela, inclusive, uma terapia, assim como ter contato com a natureza, com a terra e com a jardinagem. Afinal, é para ela a sua porção de saúde.

Anderson Delfino, engenheiro civil dirigente de grupos nas áreas de teosofia, meditação e transdisciplinaridade, é também artista consagrado em patchwork e arte têxtil. Anderson iniciou seu contato com as artes por meio do teatro, e, na ocasião, ele, que era inibido, viu nos personagens uma forma de se expressar. O mais interessante é que ele estudou arte e espiritualidade na mesma época, em grupos de estudos, em busca de diferentes técnicas para compreender a humanidade. Fez buscas infinitas para compreender a magnitude do universo. Estava nessa jornada quando sua esposa e uma amiga precisavam de mais um integrante para compor um grupo de patchwork. Resoluto, ele decidiu ajudá-las, e o que seria transitório se tornou uma paixão para ele. Assim, o mundo de retalhos e tecidos, que, por um lado, é cheio de cálculos e totalmente racional, passou a ser, por meio da arte têxtil, uma forma de expressar o seu ser, sua alma, em peças ou painéis que são únicos, como ele diz:

– Sempre muda o tecido, o ângulo, o acabamento... é impossível reproduzir duas peças idênticas!

Anderson me contou que se descobriu como artista, e que hoje, ensina a técnica a outras pessoas. A sua experiência mostra que, ao ensinar, se conecta com a alma dos alunos, e apesar de todos passarem por um processo muito parecido de desenho, cálculo de medidas e ângulo, e a didática ser a mesma, cada aluno sai com uma peça completamente diferente da de seu colega. Ele chama isso de expressão momentânea da alma do aluno.

É como se a arte propiciasse um diálogo entre almas, entre professor e aluno, uma interação única para cada um.

O que achei mais interessante no testemunho do Anderson é que ele ministra também aulas de tarô, astrologia, filosofia e dirige grupos de estudos ligados à transdisciplinaridade e à espiritualidade, mas me falou que por meio da arte, as meditações e conexões ocorrem com mais naturalidade. Claro que, com uso de técnicas de meditação, ele atinge também esse objetivo, mas, como há uma preocupação em alcançar um propósito, muitas vezes os seus alunos travam e não conseguem no primeiro momento. Como na arte, a priori esse não é o foco, não há a preocupação em atingir esse objetivo e a expressão da alma ou o estado meditativo acaba ocorrendo de maneira natural.

Assim, a alma se expressa livremente e a conexão acontece, muitas vezes, sem que as pessoas se deem conta. Ao final, quando há a percepção, o resultado de cores e expressão é mais intenso e rápido do que o uso de técnicas específicas para a busca da espiritualidade, o que prova a facilitação da manifestação da alma pela arte.

O Anderson me diz que trabalhou sua timidez e excessiva introspecção por meio da arte, que passou a permitir a ele expressão mais plena e consciente, sem necessidade de um personagem, o que o ajudou como engenheiro e palestrante.

Anderson diz também que a meditação é, de fato, uma ótima técnica para a busca da espiritualidade, mas a ansiedade, por vezes, pode atrapalhar na busca. Isso explica a fluidez causada pela arte.

Capítulo 28

A música

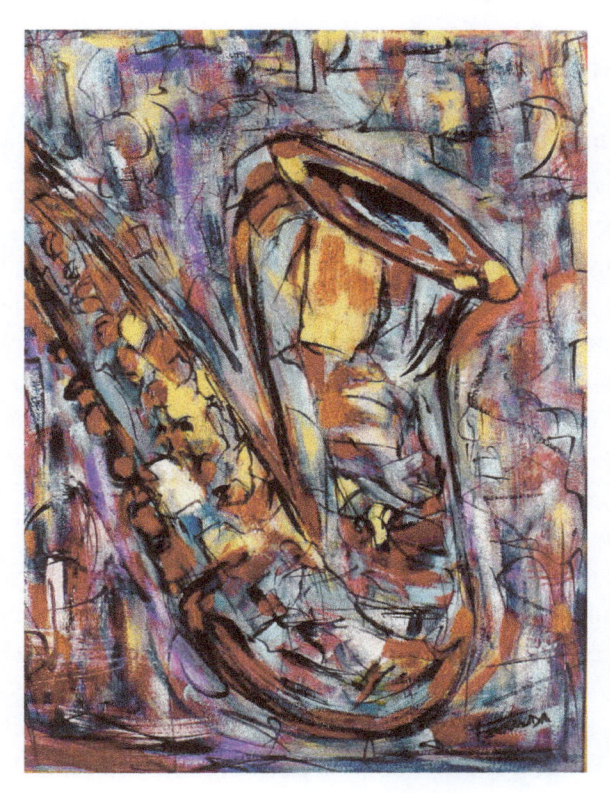

Quadro A Alegria da Música
Fernanda Dutra
Acrílico sobre tela – Ano 1994 – 60 cm x 80 cm

Interessante que ouço, na maioria dos depoimentos, que a arte escolhe a pessoa, não o contrário. Com o Claudio foi assim, também, como que "por osmose". Claudio é músico, canta e toca violão. Inclusive, cantou na igreja por mais de 17 anos. Tem formação batista e isso o ajudou muito por incentivar o hábito de gostar da boa música, como herança americana. Nasceu e cresceu em ambientes com a presença da música: seu pai e seu tio eram músicos profissionais e seu primo, cego de nascença, trompetista.

Claudio Zanutim, palestrante, autor, consultor e professor universitário, ama a boa música, o som da MPB, do jazz, do bolero, da bossa-nova, do blues, do clássico, entre outros, visto que se nomeia um "cara musicalmente eclético". A presença constante da música em sua vida deu a ele uma sensibilidade maior, um "ouvido sensível" para esse estado de arte que para a música em sua essência.

Tem muitas histórias para contar – por exemplo, se tornou cidadão argentino, ainda muito pequeno, quando seu pai foi tocar na Argentina – e histórias que envolvem a música – conheceu grandes músicos, como Adoniran Barbosa, Jair Rodrigues, os integrantes do grupo Demônios da Garoa e dos Originais do Samba, entre outros, justamente por acompanhar seu pai nas casas de show do Centro de São Paulo.

A arte ajuda a desenvolver a intuição porque aumenta a introspecção. A espiritualidade, para ele, é um resgate de conexões nobres, superiores. Assim, quanto mais você for espiritualizado, mais intuição você terá, bem como arte em estado mais nobre. Quem nasceu primeiro: o ovo ou a galinha? A arte gera, sem dúvidas, um canal perceptivo e intuitivo, e, por isso, ele incentiva a arte em suas várias manifestações, apesar de ser a música a que mais o encanta!

Para ele é dom, talento e virtuosidade é ir além, encontrar o seu jeito especial de fazer.

"Construtora de canções", como se considera, Vivian Amarante é arquiteta, cantora e compositora que aprendeu a tocar violão com 14 anos. A Vivian é daquelas pessoas que chegam sorrindo e com o violão debaixo do braço em todos os locais. Suas canções mesclam letras de profundidade espiritual com ritmos conhecidos.

– Quando estou compondo uma canção, como um canal de comunicação, algumas parecem já feitas, formatadas no universo e eu apenas as capto e as transcrevo para o papel. Quando componho, sinto uma plenitude inexplicável no coração!

Vivian me fala que a arte, quando advinda da sincera conexão com o divino, em sua expressão, naturalmente, desenvolve nas pessoas a espiritualidade. Assim como a intuição, que, para ela, é o canal silencioso de comunicação entre o divino e a expressão artística.

– Todos têm uma veia artística dentro de si, seja ela qual for. Acredito que expressá-la ajuda e potencializa a conexão com o divino. Afinal, a arte é a mais sublime expressão da alma!

Já o Alessandro Saade, ao tocar sua bateria, vivencia esse estado de espírito elevado, em equilíbrio, e, em um misto de intuição e sensibilidade, aumenta sua percepção ao subir ou baixar um som, ao tentar mudar um andamento ou um acorde, algo que ninguém espera, nem mesmo ele, ao fazer.

Isso, é claro, com o estilo de música que lhe agrada. Alessandro, ou Saade, como é conhecido, toca desde criança, época em que usava tampas de panelas para produzir som, até ganhar de sua mãe uma bateria, quando ele estava com 9 anos. A sua sensibilidade aparece na harmonia e a intuição traz coisas inesperadas, uma conexão com os ritmos que sempre o acompanhou.

Alessandro Saade é um empreendedor compulsivo, além de palestrante. Muito envolvido em projetos, nem sempre consegue tempo para praticar a sua arte. Aliás, em seu escritório, a primeira coisa que avistamos é sua bateria. Ele incentiva as pessoas a apreciarem a música para seu autodesenvolvimento.

Entende que a arte ajudou em sua formação pessoal, visto que, por natureza, ele é muito fechado, e, por vezes, individualista. Assim, por meio da música, ele percebeu que, sozinho, ele não teria utilidade, e aprendeu a dar espaço para outros e compartilhar. Desde pequeno, ele participa de festivais de música, o que lhe conferiu bastante autonomia. Trata-se de coincidência ele ser um empreendedor compulsivo?

Capítulo 29

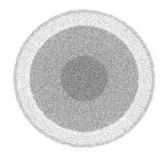

A escultura com a mescla de várias artes

Pat Carvalho é astróloga, compositora, dramaturga, conselheira, voluntária e, por sua busca do entendimento da vida, escultora, escritora, pintora e dançarina. A arte está em seu sangue. Em uma noite, ela sonhou que estava com as mãos em um balde cheio de terra, e, no céu, aparecia uma bela dança de fogos de artifício. Uma sensação muito boa tomou a alma dele, que decidiu compartilhar o sonho com sua irmã, que lhe sugeriu mexer com argila. Pat sentiu facilidade para modelar o barro e procurou um curso para desenvolver a técnica.

Durante oito meses, dedicou uma de suas tardes ao ateliê, encantada com cada aprendizado. Depois de mais quatro anos de dedicação, levou suas obras a uma fundição e transformou o barro em bronze. Suas raízes artísticas por parte de pai, também escultor, certamente tiveram influência, mas o fato é que ela se surpreendeu com um talento que jamais imaginou ter. Em uma viagem ao Rio de Janeiro, na qual levou um portfólio de suas obras debaixo do braço, em uma situação completamente fora dos padrões foi convidada para expor sua arte no Museu da República. Isso, geralmente, é algo muito difícil de conseguir, ainda mais alguém que ainda não é conhecido no ramo. Morava e mora em São Paulo, e, apesar da logística difícil, aceitou, sem pensar se daria conta, visto que era estudante de Psicologia na época.

Em nossa conversa, a Pat demonstrou uma alegria e um olhar como se acabasse de ser surpreendida pela notícia. De acordo com o relato dela, tudo fluiu também para sua exposição que nem burocracia ela enfrentou. Pat me disse que chegou a brincar com ela mesma sobre não ter aulas às sextas para poder viajar e se dedicar à curadoria da exposição. E deu certo, pois, às sextas, ela tinha aulas de Estatística, disciplina da qual fora dispensada por ter cursado em Engenharia.

Transmutação foi a exposição que marcou a vida da Pat Carvalho, para a qual ela criou uma sequência de 28 obras acompanhadas por textos de sua autoria, em uma linda sincronia de pensamentos e imagens.

Como digo, a arte ensina e fortalece. Para o Saade, trouxe autonomia e visão de coletividade; para a Pat, força interior.

A força interior se manifestou quando ela manteve sua intuição e a forma de expressão que ela projetou ser a melhor para a exposição e não se abalou com as críticas que recebeu no meio do caminho.

Ah! Mas precisa encontrar uma arte para ser sua? Não necessariamente. A Pat, por exemplo, em cada época da sua vida se identificou a com uma arte diferente. A escultura foi a primeira "porta que se abriu" e ela acredita que a arte é uma "porta" para percepções extremamente sutis, tanto de si como do coletivo. É um caminho para o autoconhecimento e para a autopercepção, mas apenas para quem quer segui-lo. Quando se presta atenção às mensagens que o processo criativo manda, pode-se evoluir muito. Desafios a levaram à reflexão e ao entendimento de várias coisas. Quando, por exemplo, uma parte de sua peça quebrava, e mesmo investindo tempo na restauração ela tornava a quebrar, era preciso praticar o desapego. Ou, quando não conseguia tirar uma marca, precisava aprender que, na verdade, faz parte da vida e que o fato de ela estar ali era sinal de que aquela peça era única e que a perfeição estava presente nessa particularidade. O que via como defeito, passou a ver como característica única, e isso desenvolveu sua espiritualidade de alguma forma, consciente ou não. Seu processo criativo acontece quando coloca um bloco de argila em sua frente e deixa suas mãos trabalharem. Diante do fluir, geralmente, se surpreende com o resultado. Uma fala bem parecida com a do Saade sobre a música.

A questão maior, para ela, é se estamos praticando a arte do bem viver ou a arte do bem sofrer. Entrar em contato conosco por algum meio criativo, seja o da pintura, da culinária, da escultura, da dança, de uma arrumação, de um texto, de um tijolo assentado ou de qualquer forma de expressão que nos dê sensação de realização, nos transforma e essa sensação deve ser estimulada. Afinal, para ela, a arte significa vida.

Capítulo 30

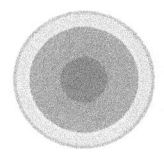

Literatura, cinema e fotografia

Como a Ana Maria Mendez Gonzalez, educadora, astróloga, pesquisadora e escritora também experimentou várias artes, ela me disse que foram como vários encontros ao longo de sua vida. Ana Maria teve contato com a música, por meio do piano, e a escultura. Passou pela dança de salão, na qual permaneceu por seis anos, e chegou na literatura com a produção de textos. Além disso, experimentou a linguagem visual da fotografia, junto da qual entrou em contato com o cinema.

Hoje ela se dedica mais à literatura e escreve muito sobre cinema. Sua frase predileta é: "A beleza salvará o mundo", frase atribuída à personagem de Dostoiévski, no livro *O idiota*. A arte, para ela, é apropriação e percepção do que ela significa dentro da sua experiência em cada uma dessas áreas, uma ordenação da vida de forma harmoniosa em vários níveis de compreensão. Nada tão concreto, que exista em si, mas sim que perpassa as experiências e amplia percepção que temos da vida.

A arte entrou em sua vida de várias maneiras e a fez atribuir maior sentido à sua existência. Para ela, a escolha não é racional, assim, somente a sensibilidade, "abre as portas" para esse contato. É um ponto de vista parecido com o ponto de vista do Claudio.

O contato com a arte pode ter vários níveis de desenvolvimento/expressão, ou seja, pode ajudar o desenvolvimento da intuição e da espiritualidade, assim como pode ser uma experiência mais superficial. Tudo depende da forma que há entrega para a arte, sua beleza e percepção de vida.

Isso é o que a Cynthia Alario chama de ampliação de consciência, pois ela, desde muito nova, percebe que os processos de transformação acontecem em contatos artísticos, como em filmes, quadros ou outra expressão que permita ver algo mais, que possibilite desvendar mistérios da vida, ir além do próprio mundo e da humanidade. A arte do cinema, o audiovisual, a atrai muito e ela produz vídeos para suas oficinas. O que mais a atrai é poder exibir filmes e saber que o mesmo filme conta diferentes histórias para diferentes pessoas. Além da promoção do acesso ao cinema, principalmente em um mundo midiático como o que vivemos atualmente.

Cynthia Alario é produtora cultural, uma difusora de conteúdos artísticos e criações inovadoras. Sempre gostou muito das histórias e do cinema, em especial. Na faculdade, ela entendeu que as histórias devem ser contadas e, assim, criou uma startup de cinema móvel, onde seu papel é difundir histórias em locais de difícil acesso para as salas de cinema. Com o CineB, atua em periferias da cidade por meio de parceria com sindicatos dos bancários. Já com o Cinesolar, um cinema móvel que funciona graças à energia solar, uma estação de arte, sustentabilidade, cinema e cultura de paz viaja todo o Brasil. A ideia desse negócio é levar o cinema para comunidades de modo a mostrar a beleza, arte e sustentabilidade. Quanto ao Cine Autorama, um cinema estilo drive-in que também viaja por todo o país para que as pessoas assistam filmes em seus próprios carros.

A arte, para ela, ajuda a desenvolver a intuição e a espiritualidade justamente por tirar as pessoas do convencional e levá-las a outros mundos, criando expansão e conexão com coisas bem bacanas. Há filmes nos quais o tema já tem essa pretensão. Mas, ainda que alguns filmes não a tenham, permitem a reflexão de formas diferentes e em outros níveis de realidade. Cynthia, inclusive, faz oficinas de vídeos que são mais do que aulas de técnicas de vídeo. A arte significa, para ela, existência, expansão, conexão com os tempos e consigo.

Uma coisa que julgo importante na arte é que muitos se prendem na técnica, e, quando isso acontece, gera atrapalhação ou não há geração de conexão, visto que o foco se desvia para o racional. Picasso dizia que o melhor da arte é aprender suas técnicas a ponto de não mais precisar delas. Ou seja, deixar acontecer naturalmente, sem a presença de qualquer obstáculo racional. Nesse ponto, Letícia Motta, empresária e estudante em formação, como ela gosta de se nomear, me disse o seguinte sobre seu contato com a fotografia:

– A técnica, eu absorvi facilmente, mas o mais legal foi quando descobri que poderia me livrar da técnica e simplesmente olhar. Há beleza em tudo, a todo momento, mas, geralmente, estamos muito distraídos para percebê-la.

– Fotografar é contemplação, é reverência, é gratidão, é silenciar para permitir a conexão, uma meditação ativa! Exige presença e atenção. A técnica e o equipamento são relevantes, mas, o olhar é essencial! Olhar e ver nem sempre são sinônimos: olhar pressupõe uma conexão, sentir que somos todos um diante da simplicidade de, simplesmente, existir!

Simplesmente existir e se fazer presente: o estar em conexão com a vida e, com ela, abraçar um caminho de profundo crescimento pessoal.

Capítulo 31

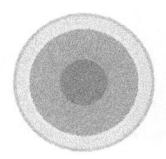

Consciência e percepção através da arte

O pedreiro

Um velho pedreiro estava para se aposentar.

O velho, então, contou ao seu patrão seus planos de largar o serviço de carpintaria e de construção de casas para viver uma vida mais calma com sua família. Claro que ele sentiria falta do pagamento mensal, mas ele necessitava da aposentadoria.

O dono da empresa sentiu muito ao saber que perderia um de seus melhores empregados e pediu a ele que construísse a última casa como um favor especial. O pedreiro consentiu, mas, com o tempo, se tornou fácil ver que seus pensamentos e seu coração não estavam no trabalho. Na verdade, não se empenhou no serviço e se utilizou de mão de obra e matérias-primas de qualidade inferior. Foi uma maneira lamentável de encerrar sua carreira. Quando o pedreiro terminou seu trabalho, o construtor inspecionou a casa e entregou a chave da porta ao pedreiro.

– Esta é a sua casa, um presente meu para você! – ele disse.

Mas que choque! Mas que vergonha! Se ele soubesse que estava construindo sua casa própria, ele a teria feito completamente diferente: não teria sido tão relaxado.

A partir daquele momento, porém, sua realidade seria morar na casa construída de qualquer maneira. Assim acontece conosco:

construímos nossas vidas de maneira distraída, reagindo mais que agindo, desejando colocar menos e daquilo que não é o melhor. Não empenhamos nosso maior esforço em assuntos importantes. Então, em choque, olhamos para a situação que criamos e vemos que somos obrigados a morar na casa que construímos, mesmo que tenha sido construída de modo relaxado. Se soubéssemos disso, certamente teríamos feito diferente.

Pense em você como o pedreiro! Pense sobre sua casa! A cada dia, você martela um prego novo, coloca uma armação ou levanta uma parede. Construa sabiamente; é a única vida que você construirá. Mesmo que você tenha somente mais um dia de vida, esse dia merecerá ser vivido graciosamente e com dignidade. Na placa da parede, está escrito: "A vida é um projeto; faça você! Quem poderia dizer isso mais claramente? Sua vida, hoje, é o resultado de suas atitudes e escolhas feitas no passado. Sua vida, amanhã, será o resultado das atitudes e escolhas feitos hoje!

Autor desconhecido

Somos os responsáveis pela realidade que vivemos, por isso, aumentar nossa percepção e consciência se faz tão necessário para que possamos atingir uma vida melhor. A ideia desse livro é justamente ajudar a entender melhor o que é a intuição e a espiritualidade e encontrar, por meio da arte, caminhos para o desenvolvimento pessoal, e, com isso, maior felicidade e plenitude em sua vida!

Lembre-se de que nem tudo é o que parece ser, e, por isso, realcei as pistas falsas nesse livro. A melhor busca de espiritualidade é pela verdade, e nela não há distinções nem armadilhas! A próxima história sufi deixa um recado importante.

Capítulo 32

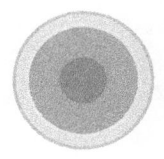

Distinguir o certo do errado

Um padeiro queria conhecer Uwais de qualquer maneira, visto que ele era um grande mestre. Um dia, Uwais foi à padaria disfarçado de mendigo. Pegou um pão e começou a comer. Baker bateu nele e o colocou na rua.

– Louco! Não vê que ele é o seu professor, aquele que queria conhecer? – disse um discípulo que chegava.

Arrependendo-se, Baker saiu e perguntou o que poderia fazer para pedir seu perdão. Uwais pediu a ele para convidá-lo a comer com seus discípulos.

O padeiro levou-os a um excelente restaurante e ordenou que servissem a eles os pratos mais caros.

– Assim que distinguimos o homem bom do homem mau: esse padeiro é capaz de gastar dez moedas de ouro em um banquete comigo, porque sou famoso, mas não abre mão de um pão para alimentar a um mendigo – disse Uwais, no meio do banquete.

Busque sua verdade e a use em qualquer circunstância! Se a arte puder lhe ajudar na sua busca, será sinal de que eu pude colaborar de alguma forma!

Como Gandhi dizia: "Que a arte da vida consista em fazer da vida uma obra de arte"!

DVS EDITORA

www.dvseditora.com.br